Jakobs Weg

Vier Frauen auf dem Camino Primitivo

ISBN 978-3-9810104-5-9

Fotos: Melitta Kolberg
Text: Elfriede Aichinger, Melitta Kolberg, Birgit Schuder, Gerlinde Zierer
Druck: Boyens Offset, Heide
Printed in Germany

Elfriede Aichinger Melitta Kolberg Birgit Schuder Gerlinde Zierer

Jakobs Weg

Vier Frauen auf dem Camino Primitivo

Scholz Fachverlag

Warum der Jakobsweg?

Das erste Mal erfuhr ich von meiner Nichte vom Jakobsweg, als diese den *Camino francés*, den Hauptpilgerweg durch Spaniens Norden, bereits zum zweiten Mal gegangen war. Sie berichtete so begeistert von ihren Erlebnissen, dass ich unbedingt mehr über diesen alten Pilgerweg erfahren wollte.

„Der Jakobsweg" von Shirley McLaine war das erste Buch, das ich las und dem noch viele folgten. Es dauerte nicht lange und ich war „infiziert". Warum genau? Ich konnte es nicht wirklich erklären, doch der Wunsch, den Weg zu gehen, war eindeutig da. Doch traute ich mich? Konnte ich mich auf die Unwägbarkeiten, die unvorhersehbaren Dinge einlassen? Könnte ich in einer Pilgerherberge zusammen mit fremden Menschen auf engstem Raum übernachten? Aufgrund einer Erfahrung in meiner Vergangenheit hielt mein angekratztes Selbstvertrauen mich immer wieder davon ab, Reisen dieser Art zu unternehmen.

Im Herbst 2006 erzählte meine Cousine aus München mir, dass sie mit zwei Freundinnen plante, den *camino* zu gehen und ich mich anschließen könnte. Nun war der Moment der Entscheidung gekommen. Sollte ich es wagen? Der Wunsch, zu gehen war so groß, dass ich alle Ängste verdrängte und zusagte.

Ein weiterer Grund für diese Entscheidung war sicher meine Lebenssituation. Ich war fünfundvierzig Jahre alt, eine Zeit in der Mitte meines Lebens, in der ich mehr darüber nachdachte, wo ich stand und wohin ich noch wollte. Privat und beruflich. Auf dem Weg wollte ich mir Zeit nehmen, beim Gehen die Gedanken kommen lassen und herausfinden, wohin der Weg nach dem Weg gehen könnte. Damit war der erste, vielleicht schwerste, Schritt getan.

Als nächstes mussten wir entscheiden, welchen der Jakobswege, die sich durch den Norden Spaniens ziehen und ihr Ziel in Santiago de Compostela haben, wir gehen wollten. Wir wussten, dass auf dem *Camino francés*, dem sogenannten Hauptweg, der bereits in den Pyrenäen beginnt, im Sommer Hochbetrieb herrscht. Das hätte bedeutet, in der Kolonne zu marschieren, immer in Eile, um nur früh im jeweiligen Etappenziel anzukommen. Denn sonst gäbe es vielleicht kein freies Bett mehr in der Herberge. So hatten wir uns unsere Reise

aber nicht vorgestellt. Welche Alternativen gab es also?
Zwei weitere Wege, die mehr oder weniger parallel zum *Camino francés* verlaufen, standen zur Wahl. Zum einen der *Camino del norte*. Dieser beginnt in Hendaye, nahe der Grenze zwischen Frankreich und Spanien, und folgt der Küste durchs Baskenland, Kantabrien, Asturien und Galicien bis Ribadeo, wo er dann ins Landesinnere abbiegt, um in Arzúa in den Hauptweg zu münden. Da viele Spanier an dieser Küste ihren Urlaub verbringen, erwarteten wir dort, eine eher touristische Atmosphäre vorzufinden. Dieser Weg schien daher nicht der Richtige zu sein.
Die zweite Variante war der *Camino primitivo*, der älteste, ursprünglichste Weg, der in Oviedo beginnt und rund 350 Kilometer lang ist. Dieser führt durch die Berge zwischen der Küste und dem Hauptweg bis Lugo, um sich dann nach einer weiteren Etappe mit dem *Camino francés* zu vereinen. Hier, so hatten wir gelesen, wären vergleichsweise wenig Pilger unterwegs und die Landschaft sei besonders schön. Das war genau das, was wir gesucht hatten.

Die detaillierten Recherchen konnten beginnen. Ich durchsuchte das Internet nach allen verfügbaren Informationen. Nach einigen Wochen hatte ich einiges über die Wege, Höhenmeter und Übernachtungsmöglichkeiten ausfindig gemacht. Da wir nur zwei Wochen Urlaub hatten, mussten wir die Gesamtstrecke etwas kürzen. Wir wählten daher Grado als Ausgangsort, der rund 30 Kilometer hinter Oviedo liegt und mit der Bahn vom Flughafen Oviedo / Asturias erreichbar ist.
Außerdem planten wir, von Tineo, dem einzigen etwas größeren Ort außer Lugo auf dieser Strecke, bis Borres mit dem Bus zu fahren. Das würde nochmals 18 Kilometer einsparen. Die verbleibenden 300 Kilometer hofften wir, in der zur Verfügung stehenden Zeit zu schaffen.
Der einzige damals erhältliche Wanderführer und die Informationen aus dem Internet sollten uns helfen, den richtigen Verlauf des Weges zu finden. Vor Ort würde der Weg mit gelben Pfeilen oder Jakobsmuscheln, dem Symbol für den Jakobsweg, gekennzeichnet sein.
Warum die Muschel das Symbol des Pilgerwegs wurde, erklärt eine Legende.

Der Apostel Jakobus kehrte nach Jahren der wenig erfolgreichen Missionsarbeit nach Jerusalem zurück. Dort wurde er enthauptet und starb somit den Märtyrertod. In einem Boot wurde er von seinen Jüngern zurück an die nordspanische Küste gebracht. Dort soll das Pferd eines portugiesischen Reiters von dem hellen Schein eines Sterns, der auf Jakobus fiel, so erschreckt worden sein, dass es mitsamt seines Reiters ins Wasser gesprungen sein soll. Als sie mit Hilfe des Apostels oder seiner Jünger wieder auftauchten, waren sie mit unzähligen Muscheln bedeckt, die seit dem Jakobsmuscheln genannt wurden.

Neben einem Flugticket benötigten wir für unsere Reise ein *credencial del peregrino*, einen Pilgerausweis, den wir uns bereits in Deutschland von einer Jakobusgesellschaft ausstellen lassen konnten. Der Ausweis berechtigt zur Übernachtung in den Pilgerherbergen. Dort bekommen Pilger in der Regel auch die Stempel in ihre Ausweise. Können Pilger in Santiago anhand der Stempel belegen, dass sie mindestens die letzten 100 Kilometer zu Fuß gegangen oder 200 Kilometer mit dem Rad gefahren sind, bekommen sie im Pilgerbüro ihre persönliche *compostela*, die Pilgerurkunde.

An allen spanischen Jakobswegen, also auch am *Camino primitivo,* gibt es heute ein mehr oder weniger dichtes Netz an Pilgerherbergen, spanisch *refugio* oder *albergue*. In Abständen von durchschnittlich 20 Kilometern können Pilger dort, kostenlos oder gegen eine geringe Spende, eine Nacht verbringen. Die Herbergen sollten recht spartanisch ausgestattet sein, vergleichbar mit einer einfachen Jugendherberge. In den kleinen Herbergen, wie man sie am *Camino primitivo* vorfindet, gibt es meist nur einen Schlafraum, in dem je nach Größe bis zu 22 Etagenbetten untergebracht sind. Schlafsack und eventuell ein kleines Kissen müssen mitgebracht werden. Für alle Gäste steht nur eine sehr begrenzte Anzahl von Duschen und Toiletten zur Verfügung. Teilweise sind Küchen vorhanden, nicht aber unbedingt brauchbares Kochgeschirr. Reservierungen sind nicht möglich, es gilt „Wer zuerst kommt, mahlt zuerst“. In den meisten Orten bieten Pensionen oder

Hotels eine alternative Übernachtungsmöglichkeit.

Zu den umfangreichen Vorbereitung gehörte nun noch die Zusammenstellung der Ausrüstung und der Aufbau der körperlichen Fitness. Mein erster Besuch beim größten Outdoor-Ausrüster in Hamburg stand an, und es sollte nicht der einzige bleiben. Ich arbeitete mich durch unzählige Modelle an Trekking-Rücksäcken, Wanderstiefeln und Schlafsäcken. Mehrere Versuche und Umtauschaktionen sowie viele Beratungsgespräche mit meinen Mitpilgerinnen waren nötig, bis ich endlich über eine komplette Ausstattung verfügte. Es stellte sich heraus, dass die Bedürfnisse von uns Vieren doch teilweise unterschiedlich waren. Ich brauchte einen warmen Daunenschlafsack und blieb bei den bewährten Wanderstiefeln, die drei anderen entschieden sich für einen dünnen Schlafsack und leichte Wanderschuhe. Jede von uns musste letztendlich für sich herausfinden, welche Ausrüstung für sie optimal war.

Um das Gewicht des Rucksacks samt Inhalt im Auge zu behalten, hatte ich eine Packliste erstellt. Jedes noch so kleine Teil wurde gewogen und aufgelistet. Neben Schlafsack, Kleidung und Waschzeug waren Dinge wie eine Taschenlampe, Wäscheklammern, Sonnencreme, Blasenpflaster und noch einiges mehr nötig. Das angestrebte Gewicht von acht Kilogramm - ohne Wasser und Verpflegung - war leider schnell überschritten, doch es schien kein Teil entbehrlich zu sein. Im wesentlichen hatten wir Vier am Ende die gleiche Ausstattung und unsere Rucksäcke wogen alle etwa 13 Kilogramm. Ich beschloss, es dabei zu belassen und gegebenenfalls unterwegs Entbehrliches auszusortieren und nach Hause zu schicken.

Ab Mai begann ich mein Trainingsprogramm. Längere Wanderungen mit Rucksack, Walking-Touren und wöchentliche Einheiten an Rücken- und Herz-Kreislauf-Training verbesserten meine Kondition. Zweimal reiste ich nach Bayern, um mit meinen drei Frauen in den Bergen wandern zu gehen. Zuversichtlich blickte ich schließlich unserem Weg auf dem *Camino primitivo* entgegen. Es konnte losgehen!

Warum gehe ich den Camino ...

... es war im Dezember 2004. Ich bekam das Buch „Der Jakobsweg" von Paolo Coelho geschenkt und hatte leider keine Zeit, es zu lesen. Ich war gerade mit den Vorbereitungen für einen Familienbesuch aus Australien, auf den ich mich sehr freute, beschäftigt. Da bekam ich von einem Tag auf den anderen die Botschaft, dass ich Brustkrebs hatte. Diese Diagnose stoppte mich in meinen Planungen und Vorbereitungen. Schnell wurde mir jedoch bewusst, dass die Krankheit viel mit meiner derzeitigen Lebenssituation, mit meinem Umfeld und mir zu tun hatte. Ich lehnte deshalb nach der Operation jede aggressive Therapie ab, ließ weder Chemotherapie noch Bestrahlung zu. Ich wollte die Krankheit auf meine Weise besiegen und wusste, mein Ungleichgewicht in der Arbeit, in meiner Beziehung und in meinem Geben und Nehmen, musste ich mir genau ansehen und verändern. Vieles hatte mich in den letzten Monaten überfordert.
In den Wochen nach meiner Operation fiel mir

das Buch wieder in die Hände. Ich las es und war fasziniert von der Idee, den Jakobsweg zu gehen. Ja, ich wollte gesund werden, sodass ich mich irgendwann auch auf den Weg nach Santiago machen könnte. Damals kam der Wunsch in mir auf, für eine Zeit lang alles hinter mir zu lassen und mich ganz auf mich selbst und das Leben einzulassen.

Ich brauchte einiges an Vorbereitung, damit ich körperlich fit und marschbereit war. Die Kraft und Ausdauer für viele Kilometer an einem Tag mit einem Rucksack von mehr als zwölf Kilo auf meinem Rücken, musste ich mir erst hart erarbeiten.

Wir Frauen trafen uns an drei Wochenenden, um gemeinsam zu marschieren. Ich merkte schnell, dass meine Kondition für einen derart weiten Weg noch nicht ausreichte. Daher trainierte ich weiter mit langen Spaziergängen, wodurch mein Gehen kraftvoller und ausdauernder wurde.

Endlich war es dann soweit, dass wir vier Frauen uns miteinander, jede aus unterschiedlichen Beweggründen, auf den Weg machen konnten. Mein Leben wollte ich aus einem Abstand betrachten und mich neuen Situationen und Erfahrungen stellen. Ich wollte herausfinden, ob ein „Ich kann nicht mehr" bei mir ein „Ich mag nicht mehr" sein würde. Wie viel würde ich beim Gehen reden wollen? Würde ich lieber ganz für mich sein, mich nur an dem Weg, der Vegetation und dem Himmel über mir erfreuen wollen.

Ich wollte freier werden, mich neu auf das Leben einlassen und letztendlich bei mir selbst ankommen!

Voller Vorfreude dachte ich an das bevorstehende Abenteuer. Ich wollte nur in wohlwollender Begleitung gehen, Wind und Sonne fühlen und das Leben spüren.

Träume, Gedanken und Visionen

Manchmal weiß man am Ende nicht mehr, wie alles angefangen hat. Vielleicht war es ein Buch, ein Gespräch oder ein Zeitungsartikel? Mit Sicherheit aber waren es Gedanken an Veränderungen, Herausforderungen und neue Wege.

Ich war 45 Jahre alt und mein Handeln wurde nicht mehr von den Pflichten gegenüber der Familie geprägt. Es entstand Raum und Zeit für eigene Wünsche und Visionen.
In dieser Lebensphase stand die Auseinandersetzung mit meiner beruflichen Ausrichtung an. Immer stärker wurde der Wunsch, Klarheit zu bekommen, welchen Weg ich einschlagen sollte. Da ich zwei Berufe hatte, einen im Verwaltungsbereich und einen im therapeutischen Bereich, war ich oft innerlich zerrissen. Ich wusste nicht so recht, wo der richtige Platz für mich war. In dieser Zeit der intensiven Auseinandersetzung kam es zu vielen Gesprächen mit langjährigen Freundinnen. Wir alle waren, jede auf ihre Weise, auf der Suche nach Antworten auf die verschiedensten Fragen, die uns das Leben zu stellen schien. Wir wollten unsere Grenzen überwinden und unsere Träume verwirklichen.
Es entstand der gemeinsame Wunsch, eine Auszeit zu nehmen. All die Anforderungen und Pflichten, die der Alltag uns abverlangte, einfach hinter uns zu lassen, um uns auf den Weg zu machen, auf den Jakobsweg!

Von da an begann die Zeit der Reisevorbereitung. Wir mussten einige Entscheidungen treffen: Welchen der Jakobswege würden wir gehen? Wie viel Gepäck könnten wir tragen? Wo würden wir übernachten?
Ich machte es mir nicht zu schwer, denn für mich stand fest, ich wollte mich auf diesem Weg treiben lassen, am liebsten nichts planen. Ich wollte losgehen und erfahren, wie es sich anfühlen würde, nur von dem Hier und Jetzt geführt zu werden.

Voller Visionen, Freude und Erwartungen starteten wir unser kleines Abenteuer am 27. August 2007 in Grado.

Wünsche

Eine Reise beginnt immer sehr lange vor der eigentlichen Abfahrt. Diese Reise hatte für mich im nachhinein schon begonnen, als ich noch gar nicht wusste, dass ich sie antreten würde. Viele Jahre schon hatte ich den Wunsch, einmal Urlaub zu machen, verbunden mit einem bisschen Abenteuer und viel Natur. Unterwegs zu sein, ohne genau zu wissen, wo ich abends ein Bett zum Schlafen haben werde. Einfach 'raus aus dem Alltag und in den Tag hinein zu gehen und mich überraschen zu lassen von dem, was auf mich zukommen würde. Leider stellte ich diese Wünsche in der täglichen Hektik mit Familie, Beruf und Haushalt immer hinten an. Wahrscheinlich auch, weil mir der letzte Anstoß immer noch fehlte.
In der Welt, in der wir leben, nehmen Statussymbole einen hohen Stellenwert ein. Wir leisten uns ein schönes Zuhause mit viel Platz, täglich abwechslungsreichem Essen, teure Kleidung und trotzdem sind wir nur selten zufrieden. Ich stellte mir immer öfter die Frage,

ob ein einfaches Leben ohne glitzerndes Beiwerk glücklicher machen würde. Ich wollte ausprobieren, wie es sich anfühlt, wenn ich nur das Nötigste bei mir hätte und mit diesem Wenigen auskommen musste.
Es war seltsam, aber ich konnte mich nicht mehr erinnern, wann ich das erste Mal vom Jakobsweg gehört hatte. Auf jeden Fall begannen Elfriede, Birgit und ich schon im Herbst 2006, gemeinsam den Weg zu planen. Das Buch von Paulo Coelho bestätigte mich noch in meiner Entscheidung. Ich wusste auf einmal, dass ich diese Reise unbedingt antreten wollte. In mir entwickelte sich eine starke Energie, die ich, was das Thema Reisen betraf, vorher an mir nicht kannte.
Für mich hatte ein Leben in Harmonie und gegenseitiger Achtung eine sehr große Bedeutung. Ich handelte deshalb sehr oft nach den Erwartungen meiner Mitmenschen und stellte ihre Bedürfnisse in den Vordergrund; was natürlich nicht immer richtig war. Vielleicht war diese Reise der erste Schritt, um etwas zu verändern.

Ich besorgte mir den ersten Wanderführer und saugte förmlich alles über den Jakobsweg in mich auf. Auf einem Fest lernte ich „ Igel" kennen und er erzählte mir vom *Camino Primitivo*. Es war genau so, wie ich es mir vorgestellt hatte. Er sprach von einsamen Landschaften, Bergen, Tälern, Schluchten, Schmetterlingen, Vögeln und hilfsbereiten Anwohnern. Da wusste ich, dass ich diesen Weg, abseits von Städten und Asphaltstraßen, auch erleben wollte. Und genau das sollte unser Weg werden.
Ich kaufte mir Wanderschuhe, Rucksack und trekkingtaugliche Kleidung. Die erste Trainingseinheit absolvierten wir voller Elan am 1. Mai 2007 und von da an verging die Zeit wie im Flug mit Planungen und Vorbereitungen. Gott sei Dank, denn ich konnte es kaum noch erwarten, endlich loszulaufen.

Grado - Salas

Wir sind voller Freude! Wie sehr haben wir diesen Tag herbeigesehnt! Jetzt kann es endlich losgehen.
Bevor wir Grado verlassen, gönnen wir uns noch ein gutes Frühstück am Marktplatz und holen uns im Rathaus unseren ersten Stempel für unseren Pilgerausweis. Jetzt ist es amtlich, wir gehen tatsächlich auf Pilgerreise.
Um die bevorstehende Reise auf unsere Weise würdig zu beginnen, zelebrieren wir außerhalb Grados ein kleines „Pacha Mama" mit der Bitte an Mutter Erde Spanien, uns wohl und gesund die kommenden 16 Tage aufzunehmen und zu führen. Dieses indianische Ritual stammt aus Peru, zu Ehren und zum Dank an unsere Mutter Erde. Mit Tai Chi Übungen stärken wir unsere Konzentration, bevor wir gegen halb elf Uhr unsere Wanderung beginnen.

Die Landschaft ist weitläufig, die Wiesen sind satt und grün. Weich geschwungene Hügel ziehen sich weit dahin, es ist dunstig, fast etwas neblig, denn die Sonne lässt mit ihrer Kraft die Feuchtigkeit der Nacht emporsteigen.
Diese unberührte Stille ist es, die uns in ihren Bann zieht. Wir fühlen uns großartig und genießen jeden Schritt, den wir in Richtung Santiago de Compostela unterwegs sind.
Auch meine Schuhe fühlen sich gut an und der Rucksack ist mit seinen dreizehn Kilo nicht zu schwer. So gehen wir dahin, lassen uns leiten von der Jakobsmuschel, die sich uns am Wegrand, an Hausecken und an Monolithen immer wieder zeigt. Diese Art der Wegführung gefällt uns sehr, wir vertrauen uns ihr ganz und gar an und vergessen hier und da, uns in unserem Outdoor-Handbuch rückzuversichern.

Linke Seite: Marien-Sanktuar in Alto del Fresnu
Rechts: Der Weg führt uns durch einen herrlichen Wald
Unten: Möchte er gern unser Packesel sein?

Nach dreieinhalb Stunden erreichen wir den Fluss Narcea. Erschöpft von dem Weg, der uns stetig über Anhöhen hinauf und hinunter führte, gönnen wir uns eine wohlverdiente Pause und stillen unseren Hunger.
Wir nutzen die Zeit und informieren uns in unserem Wanderführer über die weitere Wegstrecke. Jetzt müssen wir feststellen, dass wir erst sieben Kilometer, also ungefähr zwei Kilometer in der Stunde, zurückgelegt haben. Das kann doch nicht sein, denke ich! 14 Uhr und wir sind erst knapp sieben Kilometer gegangen? Dann liegen ja noch siebzehn Kilometer vor uns! Immer wieder vergewissern wir uns in unseren Wegbeschreibungen, denn wir wollen es einfach nicht glauben. Bald wird uns klar, wann und wo wir den falschen Weg eingeschlagen haben und somit einen Umweg von drei bis vier Kilometern gemacht haben. Diese Erkenntnis ist zwar bitter, hilft uns jedoch nicht weiter. Nach einer Stunde Erholungspause setzen wir unsere Wanderung fort.
In Cornellana kommen wir am Kloster San Salvator vorbei, in dem die Pilger im Mittelalter versorgt wurden. Wir lassen das Kloster links liegen und folgen dem Ufer des Flusses Nonaya. Nach einiger Zeit verlassen wir den Weg am Flussufer und durchwandern ein Tal, das uns keinen Schutz gegen die sengende Hitze bietet. Wir marschieren entlang eines Maisfeldes und erreichen endlich einen kühlenden Wald. Der mit Farnen dicht bedeckte Waldboden duftet nach feuchter Erde und verschiedenen Wildkräutern. Unser Auge erfreut sich an der Vielfalt der Grüntöne. In dieser Umgebung vergessen wir für kurze Zeit die Anstrengungen, die uns die Hitze und das stetige bergauf und bergab abverlangt haben.
Plötzlich hören wir Musik! Sind das Trommeln? Hier mitten im Wald? Doch schon bald lüftet sich das Geheimnis und wir können die „Bandmitglieder“ erkennen. Kühe, deren Glocken verschiedenste Höhen und Tiefen der Tonleiter im Repertoire haben, spielen uns ein aufmunterndes Lied. Das können wir auch gut gebrauchen, bevor unsere Kräfte uns gänzlich verlassen.
Zu unserem Entsetzen stellen wir fest, das unser Wasservorrat zur Neige geht. Mein Trinkbeutel ist bereits leer und wir können nicht abschät-

Linke Seite, links: Blick auf den Fluss Narcea
Linke Seite, rechts: Das Kloster San Salvator
Rechts: Typischer asturischer Getreidespeicher

zen, wie viel Zeit wir noch bis Salas benötigen. Unsere Motivation ist auf dem Nullpunkt angekommen, als uns eine Baustelle zwingt, einen größeren Umweg einzuschlagen. Diese zusätzliche Wegstrecke fordert meine letzten Energiereserven.
Durstig und völlig erschöpft habe ich nur noch den Wunsch, mich in den Schatten zu legen und zu schlafen. Aber Elfriede treibt uns voran. Woher nimmt sie diese Energie? Ich weiß es nicht. Füge mich jedoch einfach ihren Anweisungen. Endlich, in Salas angekommen, schleppen wir uns völlig entkräftet in einen Supermarkt. Ich schaffe es nur mit meiner allerletzten Kraft, was die Angestellten dort auch sofort bemerken und mir einen Stuhl bringen. Das ist mir peinlich! Wie mag ich wohl aussehen? Wahrscheinlich so wie ich mich fühle, und das ist einfach erbärmlich.
Endlich Wasser! Langsam kehren unsere Lebensgeister zurück. Jetzt stellt sich die Frage: „Wo finden wir einen Schlafplatz für unsere strapazierten Körper“. Das *refugio* erweist sich als inakzeptabel. Die Herberge liegt im Souterrain und empfängt uns mit einem feuchten und modrigem Geruch. Der Schlafraum ist dunkel und der Boden mit Wasser bedeckt, der Waschbereich unbeschreiblich dreckig.
Hier bleiben wir auf keinen Fall!
Wir machen uns auf die Suche nach einer anderen Unterkunft. Dank einer hilfsbereiten Spanierin, finden wir eine kleine Pension im Zentrum des Ortes, mit sauberen Zimmern, Bad und Zugang zu einer großen Dachterrasse. Die kommt uns wie gerufen und wir beschließen, unser Abendessen hier einzunehmen. In lauer Abendluft und bei wohlschmeckendem Brot, Tomaten, Schinken, Oliven und Rotwein kommt bei uns eine ausgelassene Stimmung auf. Wir lassen unser Erlebtes noch einmal Revue passieren, bevor wir gegen 22 Uhr in einen erholsamen Schlaf fallen.

Salas -Tineo

Sieben Uhr, der Wecker klingelt! Das heißt aufstehen. Ich erkenne mich nicht wieder. Ich, die Langschläferin, bin sofort hellwach und springe aus dem Bett. Und, oh Wunder, es tut fast nichts weh! Kaum zu glauben, wenn ich bedenke, wie ich mich gestern Abend gefühlt habe. Wir Vier sind voller Energie, neugierig auf den Tag und auf das, was er uns bieten wird. Wir frühstücken fürstlich auf unserer Dachterrasse mit den Resten des Abendessens. Nur der Kaffee fehlt, den müssen wir uns erst erwandern. Der Himmel, frisch gewaschen vom Gewitter der vergangenen Nacht, strahlt wolkenlos blau auf uns herab. Auch an diesem Morgen ist es wieder sehr gemütlich und es gelingt uns deshalb nicht, vor neun Uhr mit fertig gepackten Rucksäcken auf der Straße zu stehen. Daran müssen wir noch arbeiten. Neun Uhr ist einfach ein bisschen zu spät. Das Wetter ist herrlich und wir wollen die zweiundzwanzig Kilometer nach Tineo schaffen. Der Weg führt uns durch die schöne Altstadt von Salas. Heute ist Markttag und es herrscht schon geschäftiges Treiben. Die Stempel für unsere Pilgerausweise holen wir uns bei der Polizei. Noch ein Startfoto und los geht es. Auf in den neuen Tag!
Unser Weg führt uns aus Salas heraus und

Links: Festungsturm in Salas
Rechte Seite, links: Im Zauberwald
Rechts Seite, rechts: Morgentau auf Spinnennetz

gleich zu Beginn bergauf in einen Zauberwald. Überall glitzern im Morgenlicht die Tautropfen an den Farnen und Spinnennetzen links am Weg. Gegenüber liegt eine Schlucht, aus der wir einen Fluss rauschen hören und die Eukalyptusbäume in den Himmel wachsen. Das Sonnenlicht bricht sich durch die Blätter. Wir sind begeistert von der Schönheit der Natur. Die Flora übertrifft alle unsere Erwartungen. Erika und Heideginster blühen um die Wette und Vogelgezwitscher begleitet uns. Diese Umgebung lässt die Füße von allein laufen und das Gewicht des Rucksackes vergessen. Die Brombeeren sind reif und laden zu einem zweiten Frühstück ein. Leider bleibt der Weg bis Tineo nicht so schön wie bisher. Vor La Espina müssen wir eine Weile an einer Baustelle entlang marschieren, da auch der Straßenbau in Asturien nicht vor schönen Landschaften Halt macht. Kurz vor La Espina treffen wir auf den ersten Pilger, der schon mit einer Kniebandage im Gras liegt. Wir winken uns zu, grüßen mit dem spanischen Gruß „Hola" und wissen nicht, dass wir uns noch einige Male begegnen werden. In La Espina angekommen, halten wir sofort Ausschau nach einer Bar, wie die Gaststätten hier heißen, und werden fündig. Ich merke, dass meine Hose viel zu weit wird und schaufele drei Stücke des besten Bananenkuchens in mich hinein, den ich je gegessen habe. Die Spanier sind unheimlich freundlich und haben viel Spaß mit uns, weil wir so verfressen sind.

Wir verlassen La Espina und es geht weiter bergauf über einen wunderschönen Hangweg. Die Strecke ist gut mit Jakobsmuscheln ausgeschildert. Wir haben überhaupt keine Probleme mit der Wegfindung. Auf einer Anhöhe mit einem herrlichen Blick über das Tal beschließen wir, Siesta zu machen. Eine kleine Stärkung und ein kurzes Nickerchen. Als wir die Augen wieder öffnen, sind wir sehr erstaunt. „Wo ist der blaue Himmel geblieben?" Wir sind von Nebel eingehüllt. Schnell packen wir alles zusammen, denn es sieht nach Regen aus und es wird ziemlich kühl. Die Muscheln weisen uns durch eingewachsene Hohlwege, Täler und Schluchten den Weg. Hier schlängeln sich kleine Wasserläufe zwischen Efeu und Farnen hindurch. Natur pur und weit und breit keine

Links: Ein schattiger Platz für eine Rast

anderen Pilger! Wir sind allein unterwegs. Die Wege sind durch die vielen Gewitter der letzten Tage extrem matschig. Wir stehen vor einer knöcheltiefen Mischung aus Kuhdung und Lehm. Hier helfen nur noch die Stöcke von Melitta und Elfriede, um uns gut abgestützt am Wegrand entlang hangeln zu können. Gut, dass wir sie haben, Elfriede, Melitta und die Stöcke. Der Nebel verflüchtigt sich wieder und manchmal blitzt die Sonne durch die Wolkendecke. Wir kommen gut in Tineo an. Die Herberge ist in einem ehemaligen Schlachthaus untergebracht. Mit dem Gedanken, in solch einem Gebäude zu nächtigen, können wir uns gar nicht anfreunden. Nur die Vorstellung allein ist für uns grauenhaft. Birgit und ich würden gern unter freiem Himmel schlafen, aber wir sehen schon wieder einmal Gewitterwolken heraufziehen, also gehen wir gemeinsam auf Pensionssuche. Eine gute Entscheidung. Wir haben wieder ein Riesenglück. Die Menschen sind uns Pilgern gegenüber sehr hilfsbereit. Am Rathausplatz erkundigen wir uns nach einer Pension. Sofort wird telefoniert und der Pensionswirt holt uns persönlich ab. Wir bekommen jede ein wunderbares Bett mit Pilgermenü und Frühstück zum Preis von 27,50 Euro. Gleich unter der Pension ist ein Supermarkt, in dem ich Wasser und Brotzeit für den nächsten Tag einkaufe. Wir waschen unsere Wanderkleidung, verwandeln unser Zimmer in einen Trockenraum. Danach gehen wir zum Abendessen, denn Hunger haben wir immer. Das Pilgeressen ist kein Sternemenü, aber reichlich und sättigend. Als Vorspeise gibt es Salat oder Nudeln, danach gegrilltes Hühnchen mit Kartoffeln und als Nachspeise Joghurt, Eis oder Flan. Unser Wirt legt uns sein Gästebuch vor, in dem wir uns als „Vier Hexen unterwegs" verewigen. Elfriede will es ganz genau wissen und hinterlässt ihre Handynummer, für den Fall, dass jemand ein paar Zauberkünste benötigt. Wir lachen viel und sind äußerst übermütig. Um 23 Uhr fallen wir müde, aber lange nicht so geschafft wie am Vortag, in unsere Betten. Wir sind glücklich, unterwegs zu sein.

Rechts: Vitamine frisch vom Zweig
Unten: Schattiger Hohlweg
zwischen La Espina und Tineo

Tineo - Peñaseita

Es regnet, die Wäsche ist nicht trocken, dies ist kein guter Morgen!
Melitta und ich erleichtern unsere Rucksäcke, indem wir das letzte Entbehrliche per Post nach Hause schicken. Jedes Kilo, das wir nicht benötigen, soll nicht mehr auf unseren Rücken liegen und uns das Gehen erschweren.
Wir haben geplant, die Tagesetappe von Tineo nach Borres zu fahren, um damit einen Tag einzusparen. Die erhoffte Busverbindung gibt es leider nicht, so dass wir doch ein Taxi nehmen müssen.
Nach kurzer Fahrt sind wir am Ziel. Es regnet immer noch, so können wir testen, wie regensicher unsere Jacken und Rucksäcke sind.
Hoffentlich gut geschützt beginnen wir unseren Weg mit einem Lied. Und gleich geht es wieder steil bergauf, bevor wir links in einen moosigen, weichen und farngesäumten Waldweg einbiegen können.
Es macht uns Spaß, hier zu laufen. Nur die vielen großen und kleinen Seen aus Wasser, Schlamm und Kuhdung, die auch heute wieder zu überwinden sind, stellen eine Herausforderung an unsere Trittsicherheit und Balance dar.
Wir schaffen es, alle Vier, irgendwie! Schuhe putzen ist einfach nicht angesagt auf dieser Reise.
Nach vielen verschlungenen Pfaden erreichen wir unsere erste Anhöhe: Alto de Porciles. Welch eine traumhafte Aussicht! Auf der Straße zum Ort kommen uns Kühe entgegen und hinterlassen etliche Spuren auf der Straße. Im Ort selbst entdecken wir vor einem roten Haus ein Hinweisschild auf eine Bar und einen *Supermercado*. Wir betreten einen Tante Emma Laden wie zu Großmutters Zeiten. Hier wird alles verkauft: Brot und Rasierschaum, Kaffeepulver und Zwiebeln, nebeneinander in Regale eingeräumt, so dass der Eindruck von Fülle erweckt wird. Hier scheint die Zeit still zu stehen. Der alte *Señor* serviert uns charmant einen sehr guten Espresso und hat einen wunderschönen Stempel für unsere Pilgerausweise.
Gestärkt setzen wir unseren Weg in Richtung Alto de Labodoiro fort. Die Strecke führt uns bergauf und bergab, entlang an Farnen und Weiden. So erreichen wir das verlassene Dorf Ferroy mit seinen alten Häusern und Getreidespeichern.

Rechts: Unterwegs auf nassen Waldwegen
Unten: Grüne Berglandschaft hinter Borres

Links: Bar in Alto de Porciles
Rechts: Refugio in Peñaseita

Die Muscheln als Wegweiser sind immer gut platziert. Wir begegnen nur wenigen Menschen und so kann ich gut in mich gehen.
Viele, mich belastende Gedanken gehen mir durch den Kopf. Ich kann meinen Alltag immer noch nicht hinter mir lassen. Ich habe das Gefühl, alle meine Sorgen in dem Rucksack mit mir zu tragen!
Endlich, nach vier bis fünf Stunden erreichen wir Pola de Allande. Vor einer kleinen Bar lassen wir uns auf den Stühlen nieder. Wir bestellen heiße Schokolade sowie Kaffee und versuchen, im Sitzen ein kleines Schläfchen zu halten. Während die anderen Drei noch die Pause genießen, erkunde ich ein wenig den Ort. Ich entdecke die Touristeninformation und lasse mich, nicht spanisch sprechend und verstehend, mit einer netten Dame auf ein Gemisch aus Englisch und Spanisch über die weitere Wegführung informieren. Motiviert machen wir uns wieder auf den Weg. Wir wollen zum *refugio* von Peñaseita, unserer ersten Pilgerherberge, und hoffen dort auf freie Betten.
Der Weg zieht sich an der Hauptstraße entlang, bergauf in Richtung Passhöhe Puerto del Palo, der mir schon jetzt ein wenig Sorgen bereitet. Ich habe Angst, dafür nicht fit genug zu sein.
Wir verlassen die Straße und wandern nun auf einem, von Feigenbäumen und Brombeerensträuchern gesäumten, schönen Pfad. Der Höhenzug auf der linken Seite des Weges ist mit Heidekraut bewachsen, alles ist in rosa und lila Farben getaucht. Über diesen Traumweg erreichen wir unser *refugio*. Das am Ortsrand gelegene Häuschen wurde aus Naturstein errichtet. Die Tür ist verschlossen, doch wir wissen, dass wir den Schlüssel in der einzigen Lokalität von Peñaseita bekommen. Der Dorfhund begrüßt uns recht laut und missmutig. Wir sind heute die einzigen Pilger, die hier übernachten. Der Innenraum unserer Unterkunft ist geteilt, links und rechts stehen je drei Etagenbetten. Wir belegen die linke Seite mit den großen Fenstern und einem schönen Ausblick in das Tal. Leider sind die Räume nicht besonders gut gelüftet. Es riecht moderig und der Schimmel blüht in den Waschräumen. Tote Fliegen liegen herum. Auch die Dusche und Toilette sind nicht gerade sauber. Birgit stürzt sich deshalb sofort in Putzaktivitäten, bevor wir uns für die Nacht

einrichten. Duschen, Wäsche waschen, Tagebuch schreiben, so endet unser Nachmittag. Unser Hunger treibt uns bald in die einzige Bar im Ort. Wir sind voller Hoffnung, ein gutes und warmes Essen zu bekommen. Als ich die Bar sehe, denke ich: „Oje, da ist ja gar nichts los!" Jetzt komme ich an meine Grenze der Gelassenheit. Wenn ich richtig hungrig bin und ich bekomme nichts Warmes zu essen, macht mich das, auf gut bayerisch gesagt, „furchtbar grantig". Die junge Bedienung hat dazu aber kaum etwas zu sagen und serviert uns lediglich Käse, Schinken, Brot, Wein und Tee. Und das Ganze nicht sonderlich freundlich. Ich kann mich den ganzen Abend nicht zurückhalten und muss immer wieder meckern, weil ich diese Ungastlichkeit nicht verstehen will.

Wir vier Mädels sind hier die einzigen weiblichen Gäste und ich fühle mich unter den Blikken der Männer nicht wohl in meiner Haut. So verlassen wir die Bar.

Bevor wir schlafen, erzähle ich noch eine Gruselgeschichte aus meinen Kindertagen. Kurz nach Mitternacht will jemand polternd in die Herberge, bewegt ständig den Türgriff, lässt nicht locker, gibt sich jedoch nicht als Pilger zu erkennen. Mir stockt der Atem. Wir wollen nicht aufmachen, denn um diese Zeit kommt wohl kein Pilger mehr an. Die Angst lähmt mich, ich spüre mein Herz bis zum Hals schlagen. Wir warten ab und es wird wieder still. Kurz darauf bellt der Dorfhund laut und aufgeregt, danach kehrt Ruhe ein. Es wird ein Fremder gewesen sein. Ich habe darüber gelesen, dass immer wieder Obdachlose versuchen, in den *refugios* zu übernachten. Meine Angst ist in diesem Moment jedoch größer als meine Gastfreundschaft. Bei mir ist es nun endgültig mit dem Schlafen vorbei. Meine erste schlechte Nacht!

Peñaseita - La Mesa

Heute Morgen sieht alles gleich wieder besser aus. Die Sonne scheint durch die Fenster und lockt uns aus den Betten. Wir packen unsere Rucksäcke, worin wir schon Übung haben, verlassen ohne Frühstück unsere Gruselherberge und folgen der Muschel hinaus auf unsere heutige Etappe.

Der heutige Abschnitt führt uns durch ein landschaftliches Paradies mit Quellen, Bächen, moosbewachsenen Steinen und Farnen hinauf zu unserem ersten Pass. Ich drehe mich immer wieder um, da ich mich an der Schönheit der Natur nicht satt sehen kann. Meine Angst vor diesem Wegstück, die mich hierher begleitet hat, ist in diesem Augenblick verschwunden. Freudentränen laufen über meine Wangen und ich bin dankbar, hier sein zu dürfen.

Wir sind schon fast zwei Stunden unterwegs, als es Zeit wird für unser Frühstück. Mit Brot von gestern, Schinken, Käse, Äpfeln und frischen Brombeeren besänftigen wir unsere knurrenden Mägen. Nun sind wir bereit für den Aufstieg zum Pass.

Ich freue mich mit jedem Schritt, auf dieser Reise zu sein, denn ich fühle mich beseelt und beflügelt von der Natur um mich herum.

Oben am Puerto del Palo weht ein kräftiger und kalter Wind. Wir nehmen uns nur die Zeit für unser erstes Gipfelfoto. Das Gefühl - ich habe den Pass geschafft - breitet sich in mir aus, ich bin glücklich und zufrieden.

Vom Pass haben wir eine herrliche Aussicht in die vielen Täler um uns herum. Serpentinen durchziehen die Bergrücken und verbinden so die einzelnen Täler miteinander. Wir können ein Spiel von Licht und Schatten beobachten. Am Horizont sehen wir wieder viele Windräder auf einem Pass stehen und wir wissen, dort müssen wir wieder hinauf.

Zunächst geht es unwegsam und geröllig bergab. Bald überholen mich einige Pilger, die mich freundlich grüßen und gleich wieder verschwinden. Der Weg bringt uns in das alte, halbverlassene Bergdorf Montefurado. Die Häuser und Einzäunungen sind aus Natursteinen errichtet. Die kleine Kapelle ist leider, wie die meisten kleinen Kirchen am Weg, auch geschlossen. Daher singe ich mein Lied an der Kirchentür. Ich habe lange Jahre in einem Chor gesungen

Das schönste Tal des Camino Primitivo bei Peñaseita

Links: Auf dem Puerto del Palo
Unten: Bergdorf Monetefurado

Rechts: Verdiente Pause in Lago

und meine innere Freude kommt oft durch Lieder aus mir heraus.
Über eine Einfriedung hinweg entdecke ich einen Gemüsegarten. Ein Schubkarren steht in einer Ecke unter einem Nussbaum. Hier leben also noch Menschen, auch wenn wir keinem begegnen. Ich frage mich, was die Bewohner wohl über uns Pilger denken.
Weiter führt uns die Muschel in den Ort Lago, wo wir zur Mittagspause in eine Bar einkehren. Hier treffen wir unsere Weggefährten, die uns überholt haben, wieder. Sie sitzen alle bereits vor gut gefüllten Tellern mit köstlichen Pilgermenüs. Beim Anblick des Essens spüre ich meinen Hunger. Leider können wir kein Menü mehr bestellen, da wir die letzten ankommenden Gäste sind. Sehr schade! Wir begnügen uns mit *bocadillos con tortilla*, also belegten Brötchen mit Omelette, gutem Kaffee und heißer Schokolade.
In der Bar lernen wir Pedro, der mit seiner Frau Maria unterwegs ist, kennen. Er erzählt uns, dass im nächsten Ort eine neue Herberge eröffnet hat. Oh, welch ein Versprechen...
Wenn wir nicht bis La Mesa gehen müssen, haben wir einen gemütlichen Nachmittag vor uns. Außerdem wissen wir aus dem Reiseführer, dass die Herberge in La Mesa nicht die nobelste sein soll. Wir freuen uns, dass wir schon fast am Ziel unserer heutigen Wanderung sind.
Ich mache mich allein auf den Weg, meine drei Gefährtinnen wollen sich noch ein wenig sonnen. Ich treffe wieder auf Arrathe, ein junges Mädchen aus Spanien, die mit ihrem Vater unterwegs ist. Bei den beiden habe ich immer das Gefühl, dass sie nur einen Spaziergang machen, während mir der Weg einiges an Kraft und Ausdauer abverlangt. Doch alles, was ich auf dieser Reise will, ist: Gehen, Genießen, Essen, Trinken, Schlafen.
Kurz vor unserem Zielort Berducedo durchquere ich einen Pinienwald. Ich lehne mich an einen starken Baum. Ich spüre den Wind und die Bewegung des Baumes. Ich gebe dem Gefühl nach anlehnen und gehalten werden nach, fühle mich frei und lebendig. Ich bin glücklich, hier zu sein. Der Ausblick in das Tal lässt mich inne halten. Ich weiß, das ich noch einmal zurückkehren möchte, um länger zu bleiben.
Für heute reiße ich mich von dem traumhaften

Linke Seite: Blick von Montefurado auf die umliegende Berglandschaft
Rechts: Friedliches Tal von La Mesa

Ausblick los und gehe weiter Richtung Berducedo. In der Zwischenzeit haben mich meine Begleiterinnen überholt. Sie lassen mich jedoch allein gehen, da sie wohl spüren, dass ich in diesem Moment nur mich selbst brauche. Auf einmal kommt mir Gerlinde mit der Nachricht entgegen, dass die Herberge in Berducedo bereits belegt ist. Das bedeutet, dass wir Vier doch weiter bis La Mesa gehen müssen. Welch eine unangenehme Überraschung. Meine Füße und ich hätten das nahe Bett gut vertragen können. Pedro ruft für uns in La Mesa an, und erkundigt sich, ob dort Platz für uns sei. Ja, heißt es, alle Betten seien noch frei. Okay, da hilft kein Jammern. Wir müssen noch für das Abendessen einkaufen und dürfen den Rotwein nicht vergessen, da es in La Mesa keine Geschäfte gibt. Und schon marschieren wir weiter der Sonne entgegen. Die Straße führt immer leicht bergauf. Wir trösten uns gegenseitig mit: „Was wir heute noch gehen, müssen wir morgen nicht laufen."
Der Weg dorthin ist trotz allem wunderschön und abwechslungsreich. Erschöpft und erleichtert kommen wir in La Mesa an. Ein großer Hund begrüßt uns freudig. Sollen wir ihn bei uns behalten, damit er uns in der Nacht bewacht? Ich habe den Schrecken der letzten Nacht noch in den Gliedern und wir sind wieder die einzigen Gäste. Vor der Herberge wärmen wir uns, bei einem Glas Wein, an den letzten Sonnenstrahlen. Das verträumte Dorf mit seiner kleinen Kapelle ist in ein friedliches Tal eingebettet. Jetzt sind wir froh, doch bis hierher gegangen zu sein.
Als es uns draußen zu kühl wird, zaubern wir uns in der Küche ein tolles Abendessen: Brot, Schinken, Käse, Oliven, Tomaten, heiße Brühe, Tee und Wein, was brauchen wir mehr? Satt und dankbar für den heutigen Tag liegen wir alle irgendwann in unseren Schlafsäcken. Ich bin heute restlos geschafft.

La Mesa - Castro

Wie bisher jeden Tag, starten wir gegen neun Uhr, heute Richtung Castro. Frühstück bekommen wir im Bürgermeisterhaus Don Eloy von La Mesa. Die Frau des Bürgermeisters bewirtet uns persönlich.

Als wir losgehen, weht ein starker und sehr kalter Wind. Wir ziehen uns warm an und machen uns an den steilen, schweißtreibenden Aufstieg. Die Anstrengung hat sich jedoch gelohnt, denn die Aussicht ist beeindruckend! Über der Landschaft liegt noch der Morgendunst, trotzdem können wir kilometerweit über eine Bergkette blicken. Mir gibt diese Szenerie ein Gefühl von Freiheit.

Wir lassen den auf dem Hügel gelegenen Windpark links liegen und folgen der Jakobsmuschel. Nach kurzer Zeit stoßen wir auf ein mittelalterliches Gehöft. Es trägt den Namen Buspol und diente in früheren Zeiten als Pilgerhospital. Hier steht auch die kleine Wallfahrtskapelle Santa Marina. Die Mauern sind aus flachem Naturstein errichtet und das Dach mit Schieferplatten belegt. Gleich hinter der kleinen Kapelle eröffnet sich ein fantastischer Blick über die Berge und ins Tal des Navia mit seinem Stausee. Wir sind begeistert! Fast schon euphorisch!

Links: Lange Schatten am frühen Morgen

Rechts: Kapelle von Buspol
Unten: Grenzenloser Blick von der ersten Höhe nach La Mesa

Links: Thai Chi Übungen vor dem langen Abstieg
Unten: Blick auf den Stausee von Grandas de Salime

Rechts: Der Stausee von Grandas de Salime

So gehen wir Richtung Hangkuppe, mit Blick zum Stausee und stellen uns zum Tai Chi in den kalten, heftig blasenden Wind. Lassen unsere Energien fließen und sind eins mit der Natur! Fühlen uns frei und erhaben wie ein Adler, der sich mit dem Auf- und Abwind treiben lässt, um die Welt von oben zu betrachten! Hier könnte ich ewig stehen!
Zurück auf dem Weg treffen wir auch Pedro, Maria, Toni und Javi wieder. Sie müssen morgens deutlich vor uns aufgebrochen sein, denn ihre heutige Etappe begann in Berducedo und das liegt sechseinhalb Kilometer vor La Mesa. Wir wechseln ein paar Worte und gehen weiter, jeder in seinem Rhythmus und in seiner Geschwindigkeit.

In Serpentinen geht es hinab zum Stausee des Flusses Navia. Immer wieder erfreuen wir uns an der überwältigenden Aussicht und der abwechslungsreichen Vegetation. Nach einiger Zeit erreichen wir den Staudamm. Ab jetzt heißt es, vier Kilometer in der sengenden Hitze, auf dem Asphalt zu gehen. Dieser Umstand stellt eine große Herausforderung an meine Motivation dar! Was für eine Tortur! Nichts ist schlimmer für mich, als in dieser Hitze auf Teerstraßen zu gehen! Trotz allem mobilisiere ich meine letzten Reserven und lege noch einen Gang zu. Ich gehe stoisch dahin. Nur ab und zu gönne ich mir einen Blick auf den Stausee, der mit seinen tiefen Grünblautönen eine beruhigende Stille und Einsamkeit ausstrahlt. Gerlinde geht direkt hinter mir. Bei einer Parkbucht legen wir eine kleine Picknickpause ein. Kurz darauf können wir die Asphaltstraße endlich verlassen und biegen in ein Waldstück ab. Der weiche Boden, der Schatten der Bäume, und dieser Duft..... einfach eine Wohltat, ein Genuss! Auf diesem schönen Pfad erreichen wir Grandas de Salime. Hier befindet sich ein ethnographisches Museum, wo Kunsthandwerke, landwirtschaftliches Werkzeug, Jagdutensilien und Haushaltsgerätschaften des traditionellen Lebens Asturiens ausgestellt werden. Auch die Kirche und das blaue Rathaus sind sehenswert. Wir suchen jedoch zielstrebig das nächste Café auf und laben uns an Kuchen, Eis, Säften und natürlich einem *café solo*. Melitta und Elfriede nutzen die Gelegenheit, ihren gequälten Füßen

Links: Geschafft! Pause im Café Jaimé in Grandas de Salime
Unten: Die Kirche in Grandas de Salime

Rechts: Ein altes Jakobsweg-Schild an der Hauswand des Museums in Grandas de Salime

etwas Luft, Sonne und Freiheit zu gewähren und legen Schuhe und Socken sofort ab. Dieser Anblick lässt die anderen Gäste leise schmunzeln. Ob sie es ihnen nachfühlen können?
Für heute Nacht hat uns Melitta, unsere liebe, sehr gut informierte „Reiseleiterin", ein „Zuckerl" versprochen. Denn sie hat im Privatrefugio in Castro ein Zimmer reserviert, das wir uns nun schon sehnlichst herbeiwünschen.

Außerhalb von Grandas de Salime gönnen wir uns noch einmal eine kurze Rast, um einen Blick auf die Bergkette und das Tal, durch die unsere heutige Etappe führte, zu werfen. Unglaublich, welche Strecke wir zu Fuß an nur einem Tag zurückgelegt haben! Es macht uns stolz, den bisherigen Anforderungen gewachsen gewesen zu sein und Mut für das, was uns noch erwartet.

Die Herberge in Castro steht auf einer kleinen Anhöhe, mit offenem Blick in jede Richtung. In unserem Zimmer stehen zwei Etagenbetten und ein kleiner Schrank. Auf der gegenüberliegenden Seite des Flurs befindet sich unser eigenes Bad. Es ist klein, sauber, mit einer Dusche und warmen Wasser ausgestattet. Welch ein Luxus! Nach und nach finden sich auch unsere Mitpilger ein. So treffen wir Pedro, Maria, Toni und Tomasz wieder. Beim gemeinsamen Abendessen werden Erfahrungen ausgetauscht und es entstehen viele anregende Gespräche.

Castro - Fonsagrada

Nach einer erholsamen Nacht starten wir von der Herberge erneut in einen sonnigen Tag. Birgit und Gerlinde möchten an diesem Tag allein gehen, so teilt sich unsere kleine Gruppe heute auf. Auch Elfriede geht schon voraus, ich folge ihnen kurze Zeit später. Morgens ist es immer am schönsten, alles ist still und friedlich. Über den Wiesen liegt noch Nebel, aber die Sonne wärmt bereits.

Nach einer kurzen Wegstrecke komme ich zu einer kleinen Kapelle. Die Tür ist offen und ich sehe Elfriede, die ein Lied singt. Ich bleibe stehen und höre die Zeile „... auf Dich vertrau' ich und fürchte mich nicht ..." Wie für mich bestimmt sind diese Worte, denn darum geht es doch für mich. Vertrauen haben, keine Angst haben, das will ich!

Sehr berührt, aber auch bestärkt setze ich meinen Weg fort. Es ist unser sechster Wandertag und ich kann kaum glauben, wie gut es mir geht. Alle meine Bedenken waren unbegründet. Sicher, es ist zeitweise sehr anstrengend und der

Links: Unser gutes Refugio in Castro

Rechts: Pause am Brunnen in Penafuente
Unten: Morgendunst über den Wiesen bei Castro

Rechts: Blick über das grüne Tal bei Castro

Rucksack lastet schwer auf meinem Rücken. Dennoch genieße ich die Tage und bin glücklich, mit diesen drei lieben Frauen auf dem Weg zu sein. Wir haben viel Spaß miteinander, führen gute Gespräche, können aber auch zusammen schweigen. Was wäre mir entgangen, wenn ich mich nicht getraut hätte!

Nach einer Weile schließt Elfriede zu mir auf und wir setzen den Weg gemeinsam fort. In Penafuente entdecken wir neben einer kleinen Kirche einen Brunnen, der zu einer Rast einlädt. Hier treffen wir Arrathe mit ihrem Vater Antonio wieder und lernen Angela und Aleks aus Madrid kennen. Danach beginnt der Aufstieg auf den Pass Alto del Acebo. Oben angekommen, überschreiten wir, wie wir auf einem Stein lesen können, die Grenze von Asturien zu Galicien. Nun heißt es aufgepasst: In Galicien zeigt die Muschel anders herum, jetzt geben die Strahlen die Richtung an. Die Bar in O Acebo ist klein, düster und es steht nur ein Tisch in einer Ecke des Raumes. Eine Terrasse mit Sitzplätzen gibt es nicht und außerdem pfeift ein kalter Wind über die Berge. Wir verzichten daher auf eine Einkehr und hoffen auf die zweite Bar, die nach einigen Kilometern an unserer Wegstrecke liegen soll. Von Birgit und Gerlinde ist nichts zu sehen, unsere beiden „Rennsemmeln" sind offensichtlich weit voraus.
Wir folgen weiter dem Weg, an dem rechts und links die Heide und der Ginster blühen. So eine Farbenpracht habe ich nicht erwartet. Als wir den Termin für die Reise festgelegt hatten, befürchtete ich, dass die Landschaft zu dieser Zeit nicht mehr besonders schön sein würde. Ich liebe den Frühling mit seinem frischen Grün und den bunten Feld- und Wiesenblumen, rechnete am Ende des Sommers jedoch eher mit trockenen, braunen Wiesen. Doch nun zeigt sich, dass der Spätsommer eine ganz wunderbare Jahreszeit für diese Region ist.

In Fonfria halten wir Ausschau nach der Bar, doch vergeblich. Wir entdecken ein Schild, das ist aber auch schon alles. Für uns bedeutet das: kein Essen, kein Trinken! Das ist hart, denn in Castro konnten wir nichts für unterwegs einkaufen und haben somit nur unsere Notration. Wir gehen weiter, wollen wenigstens einen schönen

Rechts und unten: Sommerlicher Blütenteppich am Wegesrand

Links: Wegbegleitende Heide
Unten: Auf den Höhen vor Fonsagrada

Rechts: *Kapelle mit Rastplatz*

Platz für unsere Mittagspause suchen. Der lässt allerdings noch lange auf sich warten. Wir wissen, dass ein Rastplatz an einer kleinen Kapelle kommen soll, doch wann?
Endlich, schon sehr erschöpft, erreichen wir die lang ersehnte Kapelle. Unsere Ausdauer hat sich gelohnt, der Platz ist perfekt. Tisch und Bänke stehen unter einem Baum, der uns ausreichend Schatten spendet. Die Aussicht auf die umliegenden Berge ist herrlich. Das haben wir uns mehr als verdient und genießen die Rast in vollen Zügen. Alle noch vorhandenen Vorräte an Äpfeln, Müsliriegeln, Nüssen und Schokolade werden verzehrt, danach geht es uns besser.
Nach einer Stunde des Ruhens nehmen wir die anstrengende Schlussetappe in Angriff. Noch einmal geht es kräftig bergauf, bevor wir in Fonsagrada eintreffen. Im Zentrum finden wir Birgit und Gerlinde in einem Café. Auch wir brauchen jetzt dringend eine Stärkung. Im gegenüberliegenden Restaurant Cantabrico erfahren wir allerdings, dass die Küche mittags geschlossen ist. Die freundliche Bedienung hat jedoch Mitleid mit uns und serviert uns *pulpo*, Tintenfisch, und *tortilla*. Wir sind ihr sehr dankbar und froh über die leckere, warme Mahlzeit.

Wir hatten vor, morgen in Fonsagrada unseren Ruhetag zu verbringen, doch dieser Ort, mit seinen grauen Fassaden, gefällt uns allen nicht. Gemeinsam beschließen wir, den nächsten Tag weiter zu gehen und vielleicht in Cádavo-Baleira zu pausieren.
Für die Übernachtung sehen wir uns die Pension Cantabrico an. Sie ist sehr gepflegt, hat aber nur noch ein Doppelzimmer frei. Birgit und Gerlinde wollen gern in das zwei Kilometer entfernte *refugio* in Padron gehen. Elfriede und ich genießen den Luxus der Pension, inklusive Waschmaschinenbenutzung.
Am Abend zieht es uns noch einmal in das Restaurant Cantabrico. Hier haben sich schon fast alle anderen Pilger, die wir kennen, in der Bar eingefunden. Gemeinsam verbringen wir einige schöne Stunden bei einem guten Essen.

Fonsagrada - Cádavo-Baleira

Nach dem gestrigen Abend mit Birgit und Tomasz habe ich tief und fest geschlafen. Allerdings merke ich schon beim Aufstehen, dass heute alles wie im Zeitlupentempo abläuft. Ich fühle mich, als wäre ich die vor mir liegenden 24 Kilometer schon in der Nacht gelaufen. Es dauert eine Ewigkeit, bis der Rucksack gepackt ist und ich abmarschbereit bin. Elfriede und Melitta sind schon frühzeitig fertig, aber dank Birgit und mir schaffen wir es trotzdem, die Letzten zu sein, die sich auf den Weg machen. Der Rucksack fühlt sich furchtbar schwer an. Heute bin ich nicht die Bergziege, sondern eher die Schlafziege unserer Vierertruppe. Ausgerechnet an dem Tag, an dem wir die drei Pässe schaffen müssen, bin ich so kraftlos und ausgelaugt. Ich dope mich mit Elfriedes Biotraubenzucker. Man soll ja nichts unversucht lassen!

Auf dem ersten Pass der Passhöhe Hospital steht eine kleine Kapelle und die Ruine einer alten Pilgerherberge. Wir treffen den französischen Arzt mit seiner Begleiterin, die gerade José, den Spanier, verarzten. Seine offene Blase an der Fußsohle muss dringend genäht werden. Auf der Felsmauer sitzend, lässt er alles tapfer und ohne Betäubung über sich ergehen. Gott sei Dank sind wir nicht in seiner Lage. Langsam erwacht auch mein Kreislauf wieder zum Leben und ich fühle mich schon viel besser.

Der Abstieg vom ersten Pass ist eine Augenweide, ein kleiner Trampelpfad eingehüllt von mannshohem Farn. Leider geht es sehr weit hinunter und uns ist bewusst, dass wir noch zwei Pässe hinauf gehen müssen. Da steht uns noch einiges bevor.

In Paradavella machen wir auf der Terrasse eines Restaurants erst einmal Mittagspause. Jetzt geht es mir wieder richtig gut, doch der Weg verlangt mir schon einiges ab.

Restaurierte Kapelle (links) und Pilgerherberge auf der Höhe Hospital

Linke Seite: Weg in die Wolken nach der Höhe Hospital
Rechts: Märchenwald zwischen Fontaneira und Cádavo-Baleira

Der Nachmittag hat mit einem wunderschönen, einsamen Weg hinab bis Degolada begonnen, doch nun kommt die mit mindestens 15% schlimmste Steigung des ganzen Camino Primitivo. Der Anstieg ist unwegsam und nur sehr langsam zu bewältigen. In La Lastra angekommen, brauchen wir dringend eine Verschnaufpause. Wir versorgen uns in einer Bar mit Wasser und raffen uns auf, die Höhe von Fontaneira zu erklimmen. Die letzte Etappe ist gottlob nicht mehr so anstrengend wie der vorige Pass. Ohne weitere Pause laufen wir durch, bis wir im Tal endlich Cadavo - Baleira sehen. Ein letzter Abstieg und wir haben es geschafft. Am schönsten *refugio* des Weges werden wir schon mit einem freudigen „Hola" von unseren Mitpilgern empfangen. Es ist ein schönes Gefühl, mit dem Wissen auf dem Weg zu sein, dass die anderen Pilger uns immer hilfreich zur Seite stehen. Wir gehen sogleich auf Bettensuche. Das *refugio* wurde in den letzten Jahren neu erbaut, hat saubere Duschen, und eine schöne Küche - die Zimmer sind jedoch schon gerammelt voll. Ein Mief und Geschnarche schon um 17 Uhr. Birgit und ich sehen uns an und denken dasselbe. Wir wünschen uns ein schönes, ruhiges Bett. Lieber schlafen wir im Freien oder in einer Pension im Ort, bevor wir hier übernachten. Wir beschließen, auf Elfriede und Melitta zu warten, die eine Stunde später eintreffen. Zu unserer Erleichterung sind die beiden von den Zimmern auch nicht begeistert. Wir sehen uns im Ort nach einer Alternative zum *refugio* um. Melitta, unsere „Reiseführerin vor dem Herrn", hat schon eine Pension parat. Unser Zimmer verfügt sogar über eine Badewanne. Das ist Luxus pur. Ich bin derartig erschöpft, dass ich mir umgehend ein Vollbad gönne. Der heutige Tag hat mir alles abverlangt. Wir Mädels verwöhnen uns gegenseitig mit einer Fußmassage - welch ein Genuss. Zum perfekten Ausklang des anstrengenden Tages fehlt jetzt nur noch ein ausgiebiges Abendessen. In der Pension gibt es ein Restaurant, doch das öffnet erst um 21 Uhr. Vor lauter Hunger leeren wir bis dahin einige Chipstüten. Unsere Geduld wird jedoch später mit einem ausgezeichneten Menü belohnt. Mit vollem Bauch fallen wir müde in unsere Betten. Morgen ist unser Ruhetag!!

Cádavo-Baleira - Lugo

Heute werden wir unseren Ruhetag einlegen, den ich auch dringend benötige. In der Nacht spürte ich ein Toben und Zittern in meinen Waden und Muskeln. Die drei Pässe haben mich ausgelaugt.
Wir können ausschlafen, denn wir wollen mit dem Bus nach Lugo fahren. Der Strecke von 34 Kilometern sehen wir uns, nach den Erfahrungen der vergangenen Tage und den drei Pässen

von gestern, nicht mehr gewachsen. Unsere Kraftreserven sind aufgebraucht.
Wir erfahren, dass der einzige Bus erst am Spätnachmittag fährt. Also leisten wir uns ein Taxi, damit wir genügend Zeit haben, die Stadt ein wenig kennen zu lernen.
Oh, was für eine quirlige Stadt Lugo ist. Nach vielen Tagen der wohltuenden Einsamkeit auf dem *Camino Primitivo* empfinde ich den Autolärm und die Hektik im Moment als unangenehm. Wir gehen zum Hauptplatz und sehen uns dort um. Wir entdecken die Touristeninformation, in der wir sehr zuvorkommend über die Stadt und die Unterkünfte informiert werden. Wir entscheiden uns für ein kleines Hotel am Rande der Altstadt.

Lugo war zur Zeit der Römerherrschaft die Hauptstadt der Provinz Galicien. Der Stadtkern ist umgeben von einer 2.130 Meter langen Stadtmauer, die bis heute begehbar ist. Im dritten Jahrhundert entstand diese Steinkonstruktion, die im Jahr 2000 von der UNESCO als einzige römische Stadtmauer zum Weltkulturerbe ernannt wurde. Wir steigen über eine

Linke Seite:
Praza Santo Domingo in Lugo
Unten: Römische Stadtmauer aus
dem 3. Jahrhundert in Lugo
Rechts: Blick von der Mauer auf Lugo

Links: Im Park an der Praza maior in Lugo

der fünf Treppen auf die Mauer hinauf und marschieren in zehn Meter Höhe um die Altstadt herum. Von hier oben haben wir Einblicke in wunderschön alte Gärten und Anlagen. Nur die vielen Baukräne und Baustellen stören das Bild.
Die ursprünglichen vier Tore wurden für den heutigen Bedarf um sechs Durchgänge erweitert. In dem alten Stadtzentrum ergänzen sich historische Bauten, wie das Rathaus und der Bischofspalast, schöne Plätze, wie der Praza do Campo mit seinem Barockbrunnen und belebte Fußgängerzonen mit einladenden Cafés und Restaurants.

Ruhe suchend lassen wir uns im schönen Park an der Praza Maior nieder. Jede von uns belegt eine eigene Bank im Schatten der Bäume. Karten schreiben, Tagebuch führen und seinen Gedanken nachhängen, mehr gilt es für den Moment nicht zu tun. Im Hier und Jetzt zu sein, ist genug!
Am Nachmittag gehe ich zur Kathedrale an der Praza de Santa Maria. Der Bau dieses Gotteshauses begann 1129 und dauerte fast 150 Jahre. Das führte zu einer Mischung der Stilrichtungen von Romanik bis Neoklassizismus. Ich gehe hinein und lasse die Stille und Kühle auf mich wirken. Ich bin ganz allein mit meinen Gedanken. Wir sind schon weit gepilgert und ich bin sehr froh, hier zu sein.

Auf dem Weg zurück zum Hauptplatz treffe ich auf unsere Mitpilger: Javi, ein junger Sozialpädagoge, der allein unterwegs ist, Emanuel aus Rom, der morgens nicht angesprochen werden will und immer mit schnellem Schritt auf dem Weg ist, Pedro und seine Maria, die sich immer rührend um uns Vier kümmern. Ich freue mich über unsere Begegnungen, ja, ich warte schon fast darauf, sie immer wieder zu treffen.
Später besorge ich in der Herberge die Stempel für unsere Ausweise. Der Tag vergeht wie im Flug und schon ist es wieder Abend, vorbei ist unser Ruhetag! Birgit, die sich an diesem Tag an einer Magen-Darminfektion erkrankt ist, kann nicht mit uns zum Abendessen gehen. Sie möchte nur noch schlafen. So gehen Melitta, Gerlinde und ich mit Angela, Aleks und José, unseren drei spanischen Freunden, in ein uns

Rechts: Pavillon an der Praza maior
Unten: Historische Architektur
an der Praza maior

Links: Wiedersehen mit Pilgerfreunden

empfohlenes Lokal, um uns der galicischen Küche zu widmen. Es wird in einem Speisesaal, abgetrennt von der Bar, gegessen. Sehr traditionell ist die *Caldo gallego*, eine leckere Kohl-Gemüsesuppe. Die Suppe wird nicht in einem Teller, sondern in der Terrine serviert. Es gibt reichlich Fisch, *pulpo*, einen speziell zubereiteten Kraken, scharf, sehr ölig und Fleisch mit gebratenen Kartoffeln. Brot, reichlich Wein und Wasser ist eine Selbstverständlichkeit. Als Nachtisch gönnen wir uns eine „Tarta de Santiago", eine Mandeltorte mit der charakteristischen Silhouette des Santiagokreuzes in der Puderzuckerdecke. Um alle typischen Gerichte probieren zu können, müsste ich viel länger bleiben. Beim Bezahlen an der Kasse entdecken wir neben dem Tresen einen riesigen Kochtopf. In einer Suppe steht eine Schweinehinterbacke, komplett mit Fuß und Klauen. Melitta ist froh, dass wir schon gegessen haben und wir diese Delikatesse nicht zuvor schon entdeckt haben. Ihre Lust am Essen hätte sicher gelitten. Allerdings wäre dies bestimmt auch eine Spezialität des Hauses gewesen!

Ein reich gedeckter Tisch, guter Wein und liebe Tischgenossen sind ein schöner Ausklang an unserem Ruhetag.
An dieser Stelle endet für José sein Pilgerweg. Mit der bereits genähten Blase an der Fußsohle kann er nicht mehr weiter gehen. Aleks und Angela werden den kommenden Tag in Lugo verbringen. Wir versprechen uns, dass wir alle miteinander in Kontakt bleiben werden. Mit guten Wünschen für den weiteren Weg verabschieden wir uns und gehen zurück in das Hotel. Wir müssen ein paar Stunden schlafen, bevor wir uns am nächsten Morgen wieder auf den Weg machen. Santiago rückt immer näher!

¡Buen Camino!

Rechts: Denkmal und
Unten: Rathaus an der
Praza maior

Lugo - Friol

Der *Camino primitivo* führt von Lugo nach Palas de Rei oder Melide auf den *Camino francés*. Wir wollen jedoch so spät wie möglich auf die dort zu erwartenden Pilgermassen treffen. Unsere Planung sieht deshalb vor, ab Lugo einen Verbindungsweg zum *Camino del norte*, nach Sobrado dos Monxes zu nehmen. Von dort werden wir einen Tag auf dem Küstenweg bis Arzúa gehen. Dadurch bleiben nur zwei Etappen auf dem Hauptweg.

Nochmals steht uns eine lange Etappe bevor, die wir, nun mit einer Kranken unter uns, nicht schaffen können. Wir finden uns deshalb um acht Uhr am Busbahnhof ein und fahren zehn Kilometer bis Alta Santa Maria.

Galicischer Getreidespeicher

Es ist ein sonniger Morgen, als wir unseren Wandertag beginnen. An unserem Weg treffen wir mehrmals auf die galicischen *horreos*, die sich in Größe und Form deutlich von den asturischen unterscheiden, jedoch dem gleichen Zweck dienen.

Horreos sind Mais- oder Getreidespeicher, meist aus Stein und Holz und auf Stelzen gebaut. Steinplatten zwischen den Stützen und dem Speicher verhindern, dass Nagetiere an die Vorräte gelangen können. Luftschlitze sorgen für ausreichende Belüftung. Auf dem Dach befindet sich neben dem christlichen Kreuz oft eine pyramidenförmige fica, das Symbol der Kelten für Fruchtbarkeit.

Obwohl nur Birgit krank ist, sind wir heute alle etwas langsam. Der Ruhetag, so sehr wir ihn auch genossen haben, hat uns scheinbar aus dem Rhythmus gebracht.

Die Landschaft hat sich deutlich verändert, die bergige Region haben wir hinter uns gelassen. Sanftes, trockeneres Hügelland liegt vor uns.

Kirche von Santa Eulalia de Boveda

Links: Viele Kilometer auf der Landstraße

Vielfach müssen wir auf kleinen Teerstraßen laufen. Zwar gibt es kaum Verkehr, doch das Gehen auf Asphalt ermüdet uns sehr viel schneller als auf einem Wanderweg.
Bei Valin besichtigen wir die Reste der aus dem 4. Jahrhundert stammenden Kirche Santa Eulalia de Bóveda. Diese archäologische Fundstätte beeindruckt mit bedeutenden Felsmalereien aus römischer Zeit. Eine Vielzahl von Vogelabbildungen ist sehr gut erhalten.
Die kurze Unterberechung war uns willkommen, doch nun wird es Zeit, weiter zu gehen, denn es liegen noch 14 Kilometer vor uns.
Die trockenen Wiesen an unserem Weg deuten auf eine längere Schönwetterphase hin, obwohl Galicien dafür bekannt ist, dass es hier oft regnet. Wir freuen uns über das hochsommerliche Wetter, auch wenn es ab Mittag gerade auf Asphalt sehr heiß wird. In Guimara entdecken wir bei einer Kirche ein schattiges Plätzchen. Das kommt uns gerade recht für unsere Mittagspause. Nicht weit entfernt soll es eine Bar geben, die wir schon sehnsüchtig erwarten. Es ist dann auch nicht mehr weit, doch als wir dort ankommen ist die Tür verschlossen. So ein Pech! Meist gibt es auf unseren Wegstrecken nur ein- oder zweimal die Gelegenheit, einzukehren. Für die einen ist es der Kaffee und ein Stück Kuchen, für die anderen ein erfrischendes Getränk und ein *bocadillo*, was die Bar so heißbegehrt werden lässt. Fällt diese ausgesprochen beliebte Pause einmal aus, ist die Enttäuschung riesig groß.
Noch rund sieben Kilometer trotten wir auf der Landstrasse hintereinander her, bis wir endlich Friol erreichen. In der Nähe gibt es nur eine Notherberge mit vier Betten, ohne Wasser und Licht. Zu rustikal für uns, wir beziehen daher die vorher telefonisch reservierten Zimmer in der Casa Benigno. Birgit will nur noch schlafen. Wir drei wollen nur noch in die Bar! Endlich gibt es Kaffee für unsere Coffein-Süchtigen und für mich eine eisgekühlte Ananas-Schorle. Jetzt geht es uns wieder richtig gut!
Die restlichen Stunden bis zum Abend verbummeln wir in dem lauschigen, von einem kleinen Fluss durchzogenen Stadtpark. Schon bald sind die Anstrengungen des Tages vergessen und wir fühlen uns rundum wohl.

Rechts: Trockene Landschaft
Unten: Begegnungen auf der Straße
zwischen Lugo und Vilanova

Friol - Sobrado dos Monxes

Gestern bin ich völlig ausgebrannt in Friol angekommen. Mein Magen-Darm-Infekt macht mir mehr zu schaffen, als ich es mir eingestehen möchte. Trotz der liebevollen Fürsorge, die ich durch Elfriede, Melitta und Gerlinde erfahre, fühle ich mich für die heutige lange Etappe noch nicht richtig in Form. Somit beschließen wir, die ersten zehn Kilometer bis Albeiro mit dem Taxi zurückzulegen.
Wieder haben wir ein traumhaftes Wetter, es ist trocken und warm. Die Gegend hier zeigt sich wenig beschaulich, ohne Akzente und nicht mehr so abwechslungsreich und interessant wie in Asturien. Dennoch müssen wir, wie auch gestern schon, weiter auf der Landstraße laufen. Nach zehn Kilometern unserer Tagestour fühle ich mich ausgelaugt und brauche eine Erholungspause. Gott sei Dank finden wir bald ein geeignetes Plätzchen für ein spartanisches Picknick und ein ausgedehntes Schläfchen, das ich dringend nötig habe. Der weitere Weg bis Sobrado dos Monxes hat leider nicht viele reizvolle Eindrücke zu bieten. Erst kurz vor dem Ort treffen wir auf einen kleinen, schönen See, der mit seinen hübsch angelegten Stegen noch einmal zum Verweilen einlädt.

Links: Alter galicischer Getreidespeicher

Rechts und unten:
Seerosenblüte auf einem See
vor Sobrado dos Monxes

Links: Ankunft beim Kloster in Sobrado dos Monxes

In Sobrado dos Monxes erwartet uns heute eine Übernachtung im ältesten Zisterzienserkloster Spaniens. Die Original-Kirche stammt aus dem 12. Jahrhundert und wurde im 17. Jahrhundert durch ein barockes Gebäude ersetzt. Der „Claustro de los Peregrinos" oder „Kreuzgang der Pilger", stammt aus dem 17. Jahrhundert und ist im Renaissance-Stil erbaut. In den ehemaligen Stallungen befindet sich die Herberge. Wir betreten einen großen, hellen Raum mit dicken, rötlichen Steinböden und -wänden und einem schönen Deckengewölbe. Die Schlafgelegenheiten sind auf zwei Ebenen verteilt. Leider sind die Waschräume klein und nicht sehr gut belüftet. Gerlinde und ich fühlen uns trotzdem sofort wohl und entscheiden uns, heute Nacht hier zu bleiben. Es sind schon einige Pilger da, auch mehrere, die mit dem Fahrrad unterwegs sind. Elfriede und Melitta ziehen es vor, die Nacht in einem kleinen Hotel gegenüber des Klosters zu verbringen. Wir trennen uns für kurze Zeit, um Wäsche zu waschen und zu duschen, wie jeden Tag. Wir genießen noch die wärmende Abendsonne, bevor wir gemeinsam die Vesper besuchen.

Vesper wird das Abendgebet genannt, bei dem die Mönche christliche Hymnen und das „Vater Unser" singen. Die Melodien und Gesänge dieser Vesper berühren mich zutiefst. Durch die Demut und Hingabe, mit der die Mönche ihre Lieder singen, bekommen sie für mich eine ganz besondere Ausdruckskraft. Ich kann meine Tränen nicht mehr zurückhalten. Nachdem die Mönche ihr Abendgebet beendet haben, bleibe ich noch kurze Zeit sitzen und verweile in meinen Gedanken, bevor auch ich den Gebetsraum verlasse.

Nachdem wir außerhalb des Klosters zu Abend gegessen haben, suchen Gerlinde und ich unsere Schlafstätten auf. Gegen halb elf Uhr nachts kommt einer der Padre's, um uns an die jetzt angebrochene Ruhezeit zu erinnern. Freundlich, herzlich aber bestimmt! Die Atmosphäre heimelt uns ein wenig an und so entweichen wir zufrieden und sanft in die Welt der Träume.

Rechts: Glocke im Turm
der Klosterkirche
Unten: Das mächtige Kloster in
Sobrado dos Monxes

Sobrado dos Monxes - Arzúa

In der Klosterherberge haben Birgit und ich gut geschlafen. Wir sind die ersten, die aus dem Schlafsack kriechen und im Dunkeln in den Waschraum schleichen. Unsere Rucksäcke kennen wir schon so gut, dass wir blind packen können und frühzeitig fertig sind. Pünktlich um sieben Uhr treffen wir uns mit Elfriede und Melitta zum Frühstück. Es gibt leckere Croissants zum Kaffee. In der Morgendämmerung beginnen wir unsere nächste Etappe. Aus der Ferne sehen wir noch einmal das Kloster, hinter dem die Sonne aufgeht. Ein wunderbares Licht umgibt das alte Gemäuer. Ich kann meinen Blick kaum davon lösen. Ich fühle mich auf dem

Weg unbeschreiblich wohl. Das Wetter lässt uns nicht im Stich, über uns erstreckt sich ein wolkenloser Himmel. Die Muschel führt uns durch einen, von kleinen Bächen durchzogenen Eukalyptuswald. Erst später geht es zurück auf die Landstraße.
Am Vormittag gönnen wir uns in Corredoiras eine kurze Kaffeepause in einer Bar und bemerken das erste Hinweisschild auf Santiago. Jetzt überfällt mich Wehmut. Nur noch drei Tage und wir sind am Ziel. Das kann doch nicht sein, dass unser kleines Abenteuer schon zu Ende geht. Jeder Tag war so ausgefüllt mit neuen Eindrücken, dass ich gar nicht wahrgenommen habe, wie schnell die Zeit verrinnt und wie kurzweilig vierzehn Tage sein können.
In Vilanova angekommen, kaufen wir im Supermarkt für unsere Brotzeit ein. Die Suche nach einem schönen Picknickplatz gestaltet sich jedoch schwierig. Hungrig sind wir alle, aber wir können einfach keinen passenden Platz finden. Elfriede und ich würden schon den Straßengraben akzeptieren. Doch letztendlich lohnt sich unsere Ausdauer. In einem Wäldchen abseits der Landstraße entdecken wir ein wun-

Duftender Eukalyptuswald

Links und unten:
Brunnen bieten immer wieder eine willkommene Erfrischung

Rechts: Der Weg nach Arzúa wird lang auf dem heißen Asphalt

derbares Fleckchen Erde. Wir breiten unsere Isomatten aus und können endlich unseren Hunger stillen. Als Nachtisch gibt es wieder unseren „Gute Laune Spender", die Schokolade mit vielen Mandeln. Wir fühlen uns wie Gott in Frankreich. Ein kurzes Nickerchen und weiter geht es. Jetzt liegt ein anstrengendes Wegstück vor uns. Bis Arzúa gehen wir unter sengender Sonne nur auf Asphalt. Wir schleppen uns dahin, die Beine werden schnell müde und der Weg zieht sich endlos bergauf und bergab. Die Landschaft ist nicht mehr so abwechslungsreich - auch deshalb kommt uns der Weg viel länger vor, als er eigentlich ist. Am frühen Nachmittag erreichen wir den Ort Arzúa, der am Hauptweg liegt. Wie wir es bereits erwartet haben, sind vor uns schon viele Pilger angekommen. Am Hauptplatz erfrischen wir uns erst einmal in einem Café mit einer Saftschorle und einem *café solo*. In der Nähe des Platzes entdecken wir das *refugio* und müssen feststellen, dass es bereits hoffnungslos überfüllt ist. Wir machen uns auf die Suche nach einer alternativen Übernachtungsmöglichkeit und haben, wie auf der gesamten Reise, wieder jede Menge Glück. Wir finden eine private *albergue*, frisch renoviert und wunderbar ausgestattet mit sauberen Duschen und Betten. Wir ziehen sofort ein und das Beste ist: wir sind ganz allein. Nachdem die Wäsche gewaschen ist und wir geduscht haben, sehen wir uns den Ort an. Mir steckt jedoch der heutige Marsch in den Knochen, ich bin erschöpft und müde.

In einem Café am Marktplatz verwöhnen wir uns mit köstlichem Gebäck und Tee. Die Kellnerin empfiehlt uns für unser Abendessen eine nahegelegene Pizzeria. Beim Essen müssen wir feststellen, dass es keine gute Idee war, in Spanien italienisch zu essen. Trotzdem gut gesättigt, steuern wir unsere Herberge an. Inzwischen sind weitere Gäste eingetroffen. Auf einigen der vorher freien Betten liegen jetzt Rucksäcke, deren Besitzer noch unterwegs sind. Wir legen uns sofort schlafen, weil wir um sechs Uhr aufstehen und die Kühle des Morgens nutzen wollen. Also, Augen zu. Leider nur bis zwei Uhr morgens. Unsere Mitpilger kommen erst jetzt zurück. Sie machen einen Riesenlärm, bis sie endlich in den Betten liegen. Wir Vier sind wieder wach. Das sollen sie uns büßen!

Arzúa - Pedrouzo

Um sechs Uhr stehen wir wie geplant auf. Wir sind, nach der Unterbrechung unseres nächtlichen Schlafes, ein wenig müde. Dafür strengen wir uns jetzt auch nicht an, besonders leise zu sein. Wir singen unseren Ruhestörern noch ein Ständchen, bevor wir auf den Hauptweg hinaustreten. Melitta macht ein Beweisfoto, dass wir wirklich einmal so früh losgekommen sind. Doch wir sind leider nicht mehr die Einzigen! Wir sind es derart gewohnt, allein auf dem Weg zu sein, dass wir versuchen, alle Pilger zu überholen. Es bestätigt sich, dass es für uns die

richtige Entscheidung war, den *Camino primitivo* zu gehen. Mit so vielen Menschen unterwegs zu sein, behagt uns Vieren nicht. Der neue Wegweiser, er besteht aus Sandstein und die Muschel zeigt nach unten, führt uns anfangs über herrliche Feld-, Hohl- und Waldwege. Um neun Uhr haben wir bereits zehn Kilometer geschafft und gönnen uns in Calle eine kurze Kaffeepause. Wir beschließen, bis Empalme, kurz vor Santa Irene, ohne Pause weiter zu gehen.
Ich laufe diese Wegstrecke ohne die Umgebung um mich herum tatsächlich wahrzunehmen. Ich horche und fühle in mich hinein. Ich konnte es kaum erwarten, endlich auf dem Weg zu sein und habe von Anfang an den Alltag hinter mir lassen beziehungsweise verdrängen können. Nun wird mir bewusst, dass die Langsamkeit des Gehens es mir ermöglicht, mich auf meine Gefühle und Gedanken zu besinnen. Ich kann von dem Weg keine Änderungen für mich erwarten. Ich muss auf meine innere Stimme hören und mir zutrauen, die eigenen Wünsche und Träume zu leben.
Der Postkartengruß den ich einmal gelesen

Linke Seite: Wegweiser am Camino francés
Rechts: Brunnen an der Straße nach Empalme

habe: „Eines Tages! Manchmal klammern wir uns so lange an das, was ist, bis wir endlich den Mut finden, uns von dem Wind der Phantasie und der Kühnheit davontragen zu lassen zu dem, was sein könnte", trifft auf mich zu. Ich habe das Gefühl, jetzt zu wissen, was ich ändern möchte und die Stärke zu haben, es auch umsetzen zu können. Mit dieser Erkenntnis komme ich mit meinen Mädels in Empalme an. Für die heutige letzte Etappe stärken wir uns mit einer Tortilla. Anschließend gehen wir eine Weile durch ein schattiges Waldstück. Das ist eine schöne Abwechslung, da die Landschaft hier nicht mehr so bergig und facettenreich wie in Asturien ist. Unterwegs treffen wir die beiden Pilger, deren Schlafsack wir am Vortag aus dem Straßengraben geholt und eine Weile mit getragen haben. Sie freuen sich sehr, uns wieder zu sehen und sind uns heute noch dankbar für die Rettung ihres Schlafsackes.

Die letzten Kilometer bis Pedrouzo laufen wir wieder auf der Landstraße. In Rua angekommen, besichtigen wir ein Hotelzimmer, das uns aber zu teuer ist. Wir entscheiden uns, in Pedrouzo auf Bettensuche zu gehen. Wir wollen uns das *refugio* ansehen und hoffen, dass es uns gefällt. Die Herberge liegt gleich am Ortseingang. Oje, schon ein Gewimmel vor der Tür. Wir gehen trotzdem hinein. Es sieht alles ziemlich neu aus, es sind jedoch schon unglaublich viele Menschen hier. Wir erfahren außerdem, dass wir uns kein Bett aussuchen können, sondern eines zugewiesen bekommen würden. Da nur noch vereinzelte Betten frei sind, beschließen wir, uns eine Pension zu suchen. Die *hospitalera* hilft uns mit zwei Adressen weiter.

Wir gehen in den Ort hinein, der wenig Charme versprüht. Pedrouzo besteht fast nur aus einer Durchgangsstraße, an der sich unansehnliche Häuser aneinander reihen. Bei einer der privaten Pensionen bekommen wir zwei schöne Zimmer und verbringen den heißen Nachmittag mit Duschen, Lesen und Schreiben. Erst abends gehen wir in den Ort, um Wasser und Obst für unsere letzte Etappe zu besorgen. Unser Abendessen müssen wir mangels Auswahl in einem Fast Food Lokal einnehmen. Es ist nicht sonderlich gemütlich, sodass wir hier nicht lange bleiben. Wir liegen frühzeitig in den Betten, um ausgeruht in den nächsten Tag starten zu können.

Pedrouzo - Santiago de Compostela

Noch in der Dunkelheit starten wir unsere letzte Etappe. Es ist wunderschön in den Morgen hineinzugehen. Ständig habe ich ein Lied in mir. Die Monolithen zählen die Kilometer rückwärts zu unserem Reiseziel Santiago. Wir marschieren seit gestern mit vielen Pilgern auf dem Hauptweg und mir wird noch stärker bewusst, warum wir vier Frauen den ruhigen und abgeschiedenen *Camino primitivo* gewählt haben. Doch einmal auf der Autobahn der Wallfahrer zu sein, gehört wohl bei einer Pilgerreise auch mit dazu. Ich habe gemischte Gefühle in mir: einerseits ein Hauch von Wehmut, denn meine Reise wird nun bald zu Ende sein, andererseits aber auch das Glücksgefühl, über meine eigenen Grenzen hinausgewachsen zu sein.

Melitta und ich gehen nebeneinander her, Birgit und Gerlinde sind uns wieder weit voraus. Wir kommen bei einer Autobahnbrücke vor der Stadt an und auf einem Stein steht es deutlich geschrieben: Santiago! Herzklopfen und Vorfreude lassen mich schneller gehen. Die Sonne steht schon im Zenit und die Straßen durch die Vorstadt ziehen sich noch lange hin. Endlich erreichen wir die Altstadt bei 36 Grad Hitze. Es ist fast zwei Uhr nachmittags. Wir sind am Ziel unserer Wanderung und wie bestellt, spielt für uns ein junger Musiker auf seinem Dudelsack eine wunderschöne Melodie. Ich bekomme eine Gänsehaut, als ich den Kirchenplatz betrete. Viele Emotionen schießen in mir hoch: Freude, Dankbarkeit, Trauer und Wehmut, ich empfinde alles auf einmal.

Ich ziehe mich in den Schatten zurück, da ich erst einmal mit meinem Lachen und Weinen, mit meiner Erschöpfung und allen Gefühlen, die sich in mir ausbreiten, allein sein muss. Ein Gedankenblitz durchzuckt mich: „Ich will leben, gesund bleiben und bin dankbar, dass ich den Weg mit den drei Mädels gehen konnte". Als ich mich wieder gefangen habe, umarme ich meine peregrinas herzlich und freue mich, mit ihnen auf dem Kirchenplatz in Santiago zu stehen. Natürlich muss ich nun meine Kinder per Handy wissen lassen, dass ich gerade am Ziel meiner Reise angekommen bin.

Wir sehen Angela und Aleks auf den Platz kommen. Auch sie sind voller Freude. Dies muss selbstverständlich auf einem Gruppenfoto

Die Kathedrale in Santiago de Compostela

Links: Grüße aus Santiago an die Kinder daheim
Unten: Vier Frauen in Santiago, auf der Praza do Obradoiro vor der Kathedrale

Rechts: Der Praza de Cervantes auf dem Weg durch die Altstadt von Santiago de Compostela

festgehalten werden. Es ist ein einzigartiger Moment, den wir so nie wieder erleben werden. Für heute heißt es schon wieder Abschied nehmen, denn wir Vier wollen die nächsten zwei Tage in Finisterre verbringen. Heraus aus der Stadt, in die am Wochenende die Bustouristen strömen. Diese Menschenmassen wollen wir im Moment nicht um uns haben.

Finisterre

Finisterre wirkt auf mich sehr einladend, der Strand und das Meer sind ein Traum. Der Leuchtturm am Kap und die Weite des Meeres vermitteln mir ein Gefühl von Unendlichkeit. Dies ist jedoch nicht das Ziel auf meiner Reise.

Finisterre - Santiago

Am Montagmorgen mache ich mich allein auf den Weg zurück nach Santiago. Ich möchte diese Stadt entdecken und meinem Ankommen an diesem Ort, von dem ich so lange geträumt habe, nachspüren.
Auf dem Weg durch die Altstadt spricht mich eine junge Frau an und bietet mir Zimmer an, ganz in der Nähe der Kathedrale. Ich lasse mir ihre Wohnung zeigen und nehme ihr Angebot gern an. Saubere Zimmer, direkt im Zentrum, privat, in alten Gemäuern, was will ich mehr? Nun kann ich mich ohne meinen schweren Rucksack auf den Weg zur Kathedrale machen. Am Samstag hatte ich sie noch nicht betreten, da ich mir viel Zeit und Ruhe für den Besuch nehmen wollte.
Ich komme noch pünktlich zur Pilgermesse. Lieder aus Taize werden gerade von einer Nonne angestimmt, Lieder, die seit Jahren in mir sind. Einstimmend in den Gesang bringe ich zum Ausdruck, was ich fühle und erlebe tiefen inneren Frieden. Mein Platz ist weit vorn unter den Kirchenbesuchern. Es ist eine besondere Atmosphäre zu spüren. Da es Montagmittag ist, sind die meistern Besucher Pilger, die den Weg hierher zu Fuß zurückgelegt haben. In ihren Gesichtern ist die gleiche Freude zu lesen, die auch ich verspüre. Nach der Kommunion drängen mich die Männer, die den berühmten *botafumeiro*, den Weihrauchkessel, schwenken werden, zur Seite.

Links: Das einstige Pilgerhospiz, das Hostal de los Reyes Católicos ist heute eine Luxus-Parador

Der Erzbischof von Santiago gibt Weihrauch in den *botafumeiro*, segnet ihn und die fünf, in rot gekleideten Männer ziehen an einem dicken Seil, um den Kessel zum Schwingen zu bringen. Ich stehe ganz nah am Geschehen, die Orgel spielt und der Weihrauch erfüllt den Raum. Ich fühle mich wie an Weihnachten und Ostern auf einmal, ich muss zugleich lachen und weinen, denn in mir breitet sich eine tiefe Dankbarkeit aus, wie ich sie lange nicht mehr erlebt habe. Nach der Messe leert sich die Kirche und es wird stiller. Hier zu sein, ist anders, als ich es mir vorgestellt habe. Ich dachte nicht, dass diese, mir bekannten Emotionen hier geweckt werden. Doch es passiert wieder, dass ich meine Anbindung an eine Quelle, die immer für mich da ist, spüre. Dieses Gefühl kenne ich vom Meditieren und von meinen Aufenthalten im Kloster in Assisi. Ich fühle mich gehalten und getragen, empfinde großes Vertrauen in das Leben für mich. Egal wo ich bin, wenn ich aufhöre zu denken und zu planen, sondern Raum lasse und offen bleibe, fühle ich diese Kraft, die mich trägt. Immer wieder mache ich mir bewusst, ich bin hier in der Kirche von Santiago und bin einen weiten Weg bis hierher gegangen. Mein Traum von damals, gesund zu werden, eines Tages in dieser Kirche zu sitzen, er ist für mich wahr geworden! Ich brauche einige Zeit, um dies alles nicht nur zu denken, sondern auch zu fühlen. Nun kann ich meinen Weg im Leben, wieder um eine schöne Erfahrung reicher, weitergehen.

Draußen auf dem Platz treffe ich auf Melitta, die von Angela und Aleks begleitet wird. Ein freudiges Wiedersehen! Wir verbringen den Tag gemeinsam in der quirligen Altstadt. Gegen Abend begegnen wir noch einmal Tomasz, einen jungen Polen, den wir vom Weg her schon kennen. Damals stand er mit einer blutenden Zehe in Sandalen am Weg und hatte arge Schmerzen. Auch er hat den Weg geschafft und ist von der Stadt begeistert. Wir haben uns viel zu erzählen.
Gegen Abend kommen auch Birgit und Gerlinde in die Stadt zurück. Wir verbringen, nach einem Glas Rotwein, leider eine schlaflose Nacht in unserem Quartier, da die Zimmer an dem Weg liegen, auf dem die Studenten nachts singender

Rechts: Der Praza da Quintana in der Altstadt von Santiago

weise aus den Kneipen heimziehen. Damit nicht genug, beginnt im Morgengrauen auch noch ein Straßenlaternenputzer seine laute Arbeit und weckt uns viel zu früh.

Santiago

Nun beginnt unser letzter Tag in Santiago. Wir erkunden, jede für sich, die Gassen der Altstadt und suchen nach netten Mitbringseln für unsere Lieben zu Hause. Um zwölf Uhr treffen wir uns in der Kathedrale zur Pilgermesse. Danach haben wir noch Zeit für ein letztes Pilger-Menü. Ich werde es vermissen. Anschließend müssen wir uns schon auf den Weg zum Flughafen machen. Leider, aber ich werde wieder kommen, irgendwann!
Den Weg, alles was dazugehörte, die Vorbereitung, die gemeinsame Zeit mit meinen Frauen und das Gehen werde ich nie mehr vergessen. Für mich ist es eine wertvolle Erfahrung geworden, mit einem gepackten Rucksack und minimalem Komfort eine Reise zu unternehmen und aus (fast) eigener Kraft von einem Ort zum andern zu marschieren. Es hat mir gut getan, meine körperlichen Grenzen zu spüren und zu erkennen, wie viel Kraft und Zielstrebigkeit doch in mir steckte, auch wenn mir eine Strecke so unendlich weit vorkam.
Nach meiner Rückkehr bin ich den Weg noch lange im Traum gegangen und musste mich beim Aufwachen am Morgen in die Realität zurückholen, um nicht zu vergessen, dass meine Arbeit auf mich wartet.
Ich bin gesund und froh, damals auf mein Gefühl gehört zu haben. Obwohl viele in meinem Umfeld meine Entscheidung gegen eine klassische Therapie nicht verstanden haben, habe ich meinen eigenen Weg gewählt.
Ich kann dieses Abenteuer, sich auf den Weg zu machen, nur jedem ans Herz legen.

¡Adios en Santiago!

Pedrouzo - Santiago de Compostela

Die letzte Etappe! Heute werden wir in Santiago ankommen. Ich freue mich und bin traurig zugleich, denn damit endet unsere schöne gemeinsame Reise.
Schnell ist die Zeit vergangen, doch was ist mit den Fragen nach meiner Zukunft? Darauf konnte ich für mich bisher keine Antworten finden. War ich nicht lange genug unterwegs, oder einfach nicht genug bei mir? Allein hätte ich nicht gehen wollen, durch meine Begleitung war ich jedoch immer ein wenig von meinen Gedanken abgelenkt. Vielleicht ist hier und jetzt aber einfach nicht die Zeit herauszufinden, wohin mein Lebensweg noch gehen soll. Trotzdem bereue ich nichts und bin froh, diesen Weg gegangen zu sein.

Noch einmal sind wir um sechs Uhr aufgestanden und marschieren ohne Tageslicht los. „ 17 Kilometer", so steht es auf dem ersten Monolithen an der Strecke, die fünf Kilometer von der Stadtgrenze bis zur Kathedrale sind dabei nicht mit eingerechnet.
Schon bald hören und sehen wir das erste deutliche Zeichen der Stadt, den Flughafen. Und dann lesen wir es zum ersten Mal auf einem mit Jakobsmuschel, Pilgerstab und Kalebasse verzierten Stein - Santiago!
In einer Kolonne aus Pilgern, Radfahrern und Touristengruppen ziehen sich die nächsten Kilometer dahin. Letzter Zwischenstop am Monte de Gozo, dem Berg der Freude! Von hier können wir das erste Mal Santiago sehen. Wir

Kloster San Martino Pinari

Links: Bohlenweg zum Strand in Finisterre

freuen uns über die Pause, über die Aussicht weniger, denn von der Altstadt und der Kathedrale ist noch nichts zu sehen. Nach einem kurzen Abstieg passieren wir die offizielle Stadtgrenze. Es folgt der lange Weg durch die Außenbezirke. Meine Füße und mein Rücken wollen nur noch ankommen.
Endlich sind wir in der Altstadt, nun kann es nicht mehr weit sein. Das Ziel so nah vor mir zu haben, mobilisiert noch einmal alle meine Kräfte. Ein unbeschreibliches Gefühl, gleich anzukommen. Wie wird es sein, auf dem Platz vor der Kathedrale zu stehen? Ich denke an die umfangreichen Vorbereitungen, an meine Zweifel, meine Bedenken und jetzt liegt der Weg schon hinter mir.
Durch schmale Gassen, vorbei an schönen alten Gebäuden gehen wir die letzten Meter bis zum Praza do Obradoiro.
Wir betreten den Platz und mir laufen die Tränen über das Gesicht. Ich freue mich so sehr darüber, dass ich meine Ängste überwunden und es bis hierher geschafft habe.
Glücklich, stolz und berührt von der besonderen Atmosphäre an diesem Ort umarmen und beglückwünschen wir uns. Augenblicke, die ich nie vergessen werde. Zweihundertsechzig Kilometer sind wir Vier gemeinsam gegangen. Ein einmaliges Erlebnis, das nur jemand nachempfinden kann, der es selbst erfahren hat.
Jede von uns sucht sich ein schattiges Plätzchen, um diese Momente zu genießen.
Noch am Nachmittag brechen wir wieder auf und fahren mit dem Bus nach Finisterre.
Rund einhundert Kilometer von Santiago entfernt liegt das „finis terrae", das „Ende der Welt", so glaubte man zumindest früher, vor der Entdeckung Amerikas.
Wir laufen zum Hafen und halten Ausschau nach einer Unterkunft. In Finisterre feiert man an diesem Wochenende ein Fest. Eine Folklore-Gruppe tanzt auf einer kleinen Bühne am Strand. Nach kurzer Suche finden wir passende Zimmer in einem kleinen Hotel in der Nähe des Hafens.

Finisterre

Diesen Tag wollen wir am Strand verbringen und natürlich zum Kap Finisterre wandern.

Rechts: Blick zum Kap Finisterre

Während des Frühstücks erfahren wir von dem Wirt, wo es einen einsamen und schönen Strand in der Nähe des Ortes gibt. Der Bohlenweg, der durch die Dünen an das Meer führt, erinnert mich sehr an unsere Nordseeküste. Vertraut und wunderschön. Nur die Sonne ist ausnahmsweise noch nicht zu sehen. Dichter Nebel hängt über der Bucht. Gegen Mittag hat sich das Wetter noch nicht geändert, deshalb beschließen wir, uns auf den Weg zum Kap zu machen. Kaum haben wir jedoch den ersten Hügel erklommen, reißt der Himmel auf und es bietet sich uns ein großartiger Blick auf den Ort und die Traumbucht, die wir gerade verlassen haben. Nach rund eineinhalb Stunden stehen wir an dem letzten Monolithen des Jakosweges mit der Muschel und der Angabe 0 Km, das „Ende der Welt" ist erreicht. Nach einer kurzen Pause kehren wir an den herrlichen Strand zurück.

Der Tag am Meer gefällt mir sehr, dennoch muss ich immer wieder an die bewegenden Momente bei unserer Ankunft in Santiago denken. Zu schnell haben wir die Stadt wieder verlassen, zumindest für mein Empfinden. Gern hätte ich mehr Zeit gehabt, diese Stimmung und Atmosphäre auf mich wirken zu lassen. Zu sehen, wie andere Pilger ankommen und ihre Freude zu beobachten, hat mich sehr berührt. Nun kann ich es nicht mehr rückgängig machen, bedauert habe ich es allerdings sehr lange. Daher beschließe ich, bereits am nächsten Vormittag wieder nach Santiago zu fahren.

Finisterre - Santiago de Compostela

Nachdem Elfriede frühmorgens den ersten Bus zurück nach Santiago genommen hat, folge ich ihr am Vormittag. Eine freudige Überraschung wartet auf mich, denn auch Angela und Aleks steigen in den Bus. In Santiago treffen wir uns mit Elfriede, die schon Zimmer für uns besorgt hat. Gemeinsam bummeln wir durch die Stadt und lassen uns ein gutes Essen schmecken. Am Nachmittag treffen wir Tomasz, der sich uns gern für ein paar Stunden anschließt.
Gegen 22 Uhr kommen Birgit und Gerlinde in Santiago an. Eine letzte, kurze Nacht verbringen wir in der belebten Altstadt von Santiago.

Links: Jakobus als Pilger in der Spitze der Fassade der Kathedrale
Rechts: Arkadengang des Rathauses

Santiago de Compostela

Den Vormittag möchte jede von uns auf ihre Weise verleben. Ich nutze die Zeit für einen letzten Rundgang durch die historische Altstadt. Santiago de Compostela ist Wallfahrtsstätte, Universitätsstadt und Hauptstadt Galiciens. Im Jahr 1985 wurde sie von der UNESCO zum Weltkulturerbe erklärt und im Jahr 2000 war sie Kulturhauptstadt Europas. Das Herz der Altstadt bildet der Praza do Obradoiro mit seiner Kathedrale. Die barocke Fassade wurde im 18. Jahrhundert der alten Kirche vorgesetzt. Das Innere ist romanisch, aus dem 11. und 13. Jahrhundert.
In der Spitze der Fassade befindet sich die Skulptur des Apostel Jakobus als Pilger. Gegenüber der Kathedrale steht der neoklassizistische Pazo de Raxoi mit dem eindrucksvollen Arkadengang und der Skulptur des heiligen Jakobus als reitender Maurentöter auf dem Dach. Er beherbergt das Rathaus und das Präsidium der galicischen Regierung. Rechts und links des Platzes das Hospital dos Reyes Catolicos aus dem 16. Jahrhundert und das Colegio de San Xerome. Dutzende weiterer Baudenkmäler, lauschige Plätze mit üppigen Brunnen und schmale Gassen mit zahllosen kleinen Restaurants und Cafés machen die Stadt zu einer der schönsten Spaniens.
Mittags treffen wir uns zur Pilgermesse in der Kathedrale. Jeden Tag um 12 Uhr findet die Messe statt. Höhepunkt ist die Zeremonie mit dem Weihrauchkessel. Der 54 Kilo schwere *botafumeiro* wird dabei von acht kräftigen Männern, den *tiraboleiros*, über ein ausgeklügeltes Seilsystem durch das gesamte Querschiff geschwenkt. Das Blitzlichtgewitter der Kameras sowie der Applauss passen leider genauso wenig in die Kirche, wie die Touristen, die während der Messe durch die Hallen eilen. Eine feierliche Stimmung will für mich daher nicht aufkommen. Schade!
Danach bleibt uns leider nicht mehr viel Zeit bis zu unserem Abflug. Wir verabschieden uns von Santiago und treten unsere Heimreise an.

¡Adios y hasta la proxima vez!
(Auf Wiedersehen und bis zum nächsten Mal!)

Pedrouzo - Santiago de Compostela

Wehmut und Freude mischen sich an diesem Tag. Wir werden heute Santiago de Compostela erreichen. Wer hätte das vor einigen Monaten gedacht, dass wir es tatsächlich erleben?...es tatsächlich schaffen?
Es ist ein tolles Gefühl, sehr früh aufzubrechen und in den Tag hineinzugehen. Die Sonne steigt über dem Horizont empor und die Vögel zwitschern ihr Morgenlied. Das weckt unsere Lebensgeister. Am Hauptweg, treffen wir jede Form der Pilgerei an: Zu Fuß mit dem Rucksack, per Rad mit Satteltaschen oder nur mit kleiner Handtasche und vorwegeilendem Gepäckservice. Aber gut, jeder auf seine Art und Weise!
Lange gehen wir wieder auf Asphaltstraßen. Die Hitze und die Menschenmassen, die alle in Richtung Santiago drängen, tragen nicht zu meiner guten Laune bei. Ich denke an den *Camino Primitivo*. Wie schön es dort war, einsam und ruhig, umgeben von oft atemberaubend schönen Landschaften.

Links: Monument am Monte de Gozo

Rechts: Einmarsch in Santiago de Compostela

Endlich erreichen wir den „Monte de Gozo", den Berg der Freude! Welche Freude? Ich kann hier keine Freude empfinden! Dieser Hügel mit seinem Monument wirkt auf mich eher banal, hat keine Ausstrahlung, keine Kraft. Auch der Blick auf Santiago berührt mich kaum!

Nach einer kurzen Rast gehen wir weiter. Die letzten Kilometer in die Stadt sind anstrengend und kräftezehrend. Die Vorstadt von Santiago mit seinen modernen und nüchternen Neubauten lässt uns zügig weitergehen. Die Rua de San Pedro führt uns in die Altstadt hinein, vorbei am Kloster San Martino Pinario und dem Bischofspalast Pazo de Xelmirez. Dann stehen wir auf dem Praza do Obradoiro, was soviel wie „Platz des goldenen Werkes" heißt, vor der gigantischen Kathedrale. Dieser Augenblick überwältigt Elfriede, Gerlinde und Melitta und Tränen lassen ihre Augen glänzen. Sie empfinden Glück und Freude über das, was sie alles geleistet und geschafft haben. Ich fühle mich in diesem Moment eher leer, neutral und mit wenig Emotionen. Wir umarmen uns, sind sehr stolz aufeinander und wissen, welche Grenze jede einzelne überwinden musste, um heute hier stehen zu können.

Schon bald müssen wir wieder Abschied von Santiago nehmen, um den Bus nach Finisterre zu erreichen. Während der zweistündigen Fahrt können wir die letzten Eindrücke in Gedanken noch einmal durchleben.
Finisterre ist ein kleiner, durch seine Lage berühmter, Fischerort an der Costa del morte. Als wir ankommen liegt das Meer still und klar vor uns. Im Hafen liegen viele kleine bunte Fischerboote. Dieses Bild erzeugt bei mir ein Gefühl von Ruhe und Frieden. Es erweckt in mir den Wunsch, längere Zeit zu verweilen. Wir gehen durch den Ort auf der Suche nach der Pilgerherberge. Leider wird uns das Übernachten im *refugio* verwährt, da wir nicht zu Fuß nach Finisterre gekommen sind. Also gut, dann soll es eben eine kleine, nette Pension sein!

Finisterre

Wir werden von Salutschüssen unsanft geweckt. Finisterre liegt vollständig im Nebel, der Him-

Links: Der Leuchtturm am Kap Finisterre

mel ist nicht zu sehen. Ich bleibe noch etwas im Bett und lausche dem Schreien der Möwen. Wir sind am Meer, ein wunderbares Gefühl. Meine Zimmergenossin, Melitta, wird langsam unruhig, sie braucht dringend ein Frühstück. Also, dann 'mal lieber 'raus aus dem Bett.
Nach dem Frühstück gehen wir an die Praia de Mar, eine kleine naturbelassene Bucht am Atlantik. Das Wasser ist eiskalt, der Himmel verhangen. Wir suchen uns ein geschütztes Plätzchen. Jede nimmt sich einen Zettel und Stift zur Hand und schreibt auf, von welchen Sorgen, Nöten und schlechten Eigenschaften sie sich gern, hier und heute, trennen möchte. Dinge, die auf ihrem weiteren Lebensweg nicht mehr ihre Wegbegleiter sein sollen.
Um unsere Pilgerreise schon heute mit einem kleinen Ritual zu beenden, gehen wir zur Feuerstelle ans Kap. Hier verbrennen wir unser Geschriebenes und lassen es aufsteigen mit Schall und Rauch. Der starke Wind und der durchdringende Lärm des Leuchtturm-Nebelhorns tragen alles mit einem lauten und heftigen Getöse hinauf in den Himmel.
Bald begeben wir uns auf den Rückweg zu unserer Bucht und genießen noch lange die wärmende Sonne am Strand.
In einem Fischrestaurant direkt am Hafen gönnen wir uns am Abend ein köstliches 3-Gänge-Menue. Das Essen schmeckt fantastisch und unsere Stimmung ist fröhlich und ausgelassen. Was für ein Glück wir doch haben, heute und auf unserer gesamten Reise!

Finisterre - Santiago de Compostela

Die Sonne lacht ab dem frühen Morgen. Welch ein wunderschönes Geschenk an uns. Elfriede und Melitta fahren frühzeitig zurück nach Santiago. Gerlinde und ich gehen heute an die zweite Bucht, die Finisterre zu bieten hat. Der Strand ist fast menschenleer, der Sand ist feinkörnig und übersät mit Muscheln in sämtlichen Farbvariationen und Formen, auch Jakobsmuscheln sind dabei.
Hier lernen wir zwei deutsche Pilger, Markus und Henja, kennen. Henja und ich kommen schnell in ein sehr offenes Gespräch. Sie erzählt viel aus ihrem Leben und von ihrem langen Weg nach Santiago. Sie ist die erste Pilgerin, die

Rechts: Pilgerstiefel in Bronze am Kap Finisterre
Unten: Praia de Mar in Finisterre

Links: Blick auf die beiden Buchten von Finisterre

ich treffe, die aus religiösen Gründen auf dieser Reise ist. Ich freue mich, dass ich ihr begegnet bin!
Gegen sieben Uhr abends geht unser Bus nach Santiago und wir müssen dieses schöne Fleckchen Erde schweren Herzens verlassen. Während der Fahrt blicken wir auf einsame Strände, auf Muschelbänke und gemütliche Fischerdörfer mit ihren bunten Booten. Gern würden wir mehr eintauchen in diesen Landstrich Galiciens, möchten mehr von der Kultur und den Menschen hier erfahren. Aber wer weiß, vielleicht kommen wir ja schon bald wieder, denn Galicien ist auf jeden Fall eine Reise wert.

Santiago de Compostela - München

Am nächsten Morgen, nach unserem gemeinsamen Frühstück, besorge ich ein paar Souvenirs und finde mich dann wieder auf dem Praza do Obradoiro ein. Gegenüber der Kathedrale, am Rathaus, setze ich mich auf den Boden, lehne mich gegen die Wand und beobachte das rege Treiben auf dem Platz. Auch heute kommen wieder Pilger an und für viele endet hier eine lange Reise. Manche werden bereits erwartet, andere finden sich zufällig wieder, einige kommen allein und bleiben es auch.
Ich habe jetzt das Gefühl, wirklich am Ziel meiner Reise anzukommen und das macht mich rundherum zufrieden und glücklich. Mit großer Gelassenheit blicke ich in die Zukunft, denn ich glaube fest daran, dass sich für mich ein beruflicher Weg zeigen wird, der es mir ermöglicht, mein therapeutisches Wissen mit meinem organisatorischen Geschick zu verbinden. So sitze ich da und schreibe mein Jakobsweg-Tagebuch, sortiere Gedanken und Gefühle, die mich auf ihm begleitet haben. Es geht mir gut! Ich fühle mich voller Kraft, voller Liebe und möchte meine Freude jetzt am liebsten mit meinen Kindern und meinem Lebenspartner teilen.
Um zwölf Uhr beginnt die Pilgermesse. Trotz der Unruhe, die in der Kathedrale herrscht, lausche ich den Gesängen und der Predigt. Neben mir in der Reihe sitzt eine alte Dame, ich schätze ihr Alter auf 85 Jahre. Beim Friedensgruß reiche ich ihr meine Hand. Sie lächelt mich herzlich und voller Freude an,

Rechts: *Rathaus an dem Praza do Obradoiro*

breitet die Arme aus und umarmt mich. Diese Umarmung bringt mich jetzt aus der Fassung und ich muss weinen. Alle Gefühle, die mich auf diese Reise gebracht und auf ihr begleitet haben, sind jetzt da. Meine Selbstzweifel, meine Sorgen, meine Ängste aber auch meine Wünsche, Träume und dieses Glück, alles ist in mir. Ein schöner Moment, ich werde ihn nie vergessen. So wie ich sehr viele Augenblicke, Begegnungen, Eindrücke und Gespräche von dieser Reise nicht vergessen werde.

Unser Rückflug geht über Palma de Mallorca. Hier trennen sich unsere Wege mit Melitta. Unser Nordlicht fliegt in Richtung Hamburg und wir weiter nach München. In München angekommen, müssen auch Elfriede, Gerlinde und ich für heute Abschied nehmen. Doch unser Abschied fällt mir nicht wirklich schwer, denn ich weiß, wir werden uns auch weiterhin auf unserem Lebensweg begleiten, einmal steil bergauf und dann wieder tief hinab, so wie auf dem Jakobsweg.
Ich steige in mein Auto und fahre sehr langsam nach Hause. Ich schalte das Radio nicht ein. Der Verkehr um mich herum erscheint mir schnell und hektisch. Ja, jetzt bin ich wieder da, physisch jedenfalls. Meine Gedanken, meine Gefühle sind noch auf dem *Camino primitivo*, ein Weg mit einer ganz besonderen Ausstrahlung.
Zu Hause werde ich von meiner Tochter herzlich umarmt. Nach unserem ersten Gespräch, es ist kurz nach Mitternacht, freue ich mich auf mein Bett. Ein wunderbares Gefühl, im eigenen Bett zu liegen und sanft dem Tag, in einem immer wiederkehrenden Traum, zu entschwinden. Noch viele Wochen gehe ich jede Nacht im Traum den Jakobsweg, den *Camino primitivo*, bis die Zeit kommt, neue Träume, Gedanken und Visionen zu verwirklichen.

Buen Camino

Pedrouzo - Santiago de Compostela

Wir sind bereits wieder um sieben Uhr unterwegs. Unsere letzte Etappe liegt vor uns. Momentan sind wir die einzigen Pilger weit und breit. Sind wir die Ersten oder die Letzten? Nach zwei Kilometern auf einer Asphaltstraße biegen wir in einen Waldweg ein und brauchen wegen der Dunkelheit unsere Stirn- und Taschenlampen. Bei Melitta und Elfriede spüre ich förmlich die freudige Erwartung auf die Ankunft in Santiago. Ich bin eher traurig, dass dies tatsächlich unsere letzte Etappe ist. Wir laufen in der Dämmerung, sehen dem Sonnenaufgang entgegen. Es herrscht eine wunderbare Stimmung um uns herum. Bis zum Flughafen von Santiago führt uns der Weg über leichte Steigungen durch Wälder und Wiesen voran. Unsere Füße laufen an diesem kühlen Morgen wie von selbst. Nachdem wir den Flughafen hinter uns gelassen haben, liegt an unserem Weg eine schöne Raststätte mit einer Terrasse, sodass wir im Freien eine Kaffeepause einlegen können. Wir treffen Maria und Pedro und freuen uns sehr, sie noch einmal zu sehen. Sie waren die ersten Pilger, die wir kennen gelernt haben und die mit

Links: Die letzen Meter durch die Altstadt

Rechts: Tanzgruppe in Finisterre
Unten: Abendstille im Hafen von Finisterre

Links: Traumstrand in Finisterre
Rechte Seite: Sonnenuntergang über der Praia de Mar in Finisterre

uns einige Tage denselben Weg gelaufen sind. Das verbindet.
Jetzt wollen wir in Santiago ankommen. Der Weg führt über den Monte de Gozo mit dem ersten Blick auf Santiago. Ab hier sind es noch fünf Kilometer, die sich endlos dahinziehen. In der Altstadt laufe ich dem Pilgerstrom hinterher, weit und breit ist noch keine Kirchturmspitze zu sehen. Doch auf einmal höre ich Dudelsackmusik und blicke auf das Seitenportal der Kathedrale von Santiago. Plötzlich und unerwartet laufen bei mir die Tränen. Ein Gefühl, das ich gar nicht beschreiben kann. Ich gehe allein auf den Hauptplatz und blicke empor zum Heiligen Jakob. Es ist schön, dass ich hier sein darf. Wir genießen, jede auf ihre Weise, die Ankunft. Der Rummel in Santiago ist uns dann jedoch zu groß und wir beschließen, nach Finisterre zu fahren. Bevor wir in den Bus einsteigen, ist es noch einmal ein wenig hektisch. Dann lassen wir uns glücklich in die Sitze fallen und freuen uns auf die Fahrt. Der kleine Fischerort begrüßt uns mit einem Volksfest und wir verbringen einen gemütlichen Abend, der uns noch lange in Erinnerung bleibt.

Finisterre

Ich liebe das Meer und bin überglücklich, an diesem Ort zu sein. Den Sonntag verbringen wir gemeinsam am Strand und am Leuchtturm. Melitta und Elfriede beschließen, am nächsten Morgen gleich nach Santiago zurückzufahren, um mehr von der Stadt zu sehen. Birgit und ich wollen bis zum Abend in Finisterre bleiben, um das Meer und den Strand zu genießen.

Finisterre - Santiago

Wir besorgen uns Proviant und eine Flasche Rotwein in dem einzigen Geschäft, das heute geöffnet hat. Das Wetter zeigt sich von seiner besten Seite, der Himmel und das Meer leuchten strahlend blau.
Für mich ist es die richtige Entscheidung gewesen, die letzten Tage am Atlantik zu verbringen. Ich finde die Ruhe, um meine Gedanken und Gefühle zu ordnen. Ich habe es genossen, mit wenig Ballast unterwegs zu sein, mich riesig gefreut, wenn ich eine Dusche und ein sauberes Bett zum Schlafen hatte und erfahren, dass eine

einfache Brotzeit zum Festessen werden kann. Mir wird bewusst, dass es nicht selbstverständlich ist, so gute Freunde zu haben, mit denen man 16 Tage durch Höhen und Tiefen gehen kann. Wie reich ich doch bin, mit so vielen lieben Menschen an meiner Seite, die mich in meinem Leben begleiten.
Wir verbringen einen erholsamen Tag mit Strandspaziergängen und lassen einfach die Seele baumeln. Am Abend nehme ich traurig Abschied von diesem schönen Ort. Der Bus bringt uns nach Santiago zurück, wo wir bereits von Elfriede und Melitta erwartet werden. Nachdem wir uns über unsere Erlebnisse ausgetauscht haben, gehen wir zu Bett.

Santiago

Nach dem Frühstück möchte jede von uns noch ein wenig bummeln und Besorgungen erledigen. Wir treffen uns um zwölf Uhr zur Pilgermesse, für die Elfriede uns Plätze in der Kathedrale reserviert hat. Der Gottesdienst wird sehr feierlich zelebriert. Doch leider gibt es immer mehr Touristen, denen nichts heilig ist und die sogar während des Gottesdienstes fotografieren und herumlaufen müssen. Das stört mich sehr. Wie wenig Ehrfurcht die Menschen doch haben. Es ist nicht möglich alles in Bildern festzuhalten. Die wichtigen Erlebnisse sollten im Herzen bewahrt werden.

Hier endet unsere Pilgerreise. Nach dieser schönen und aufregenden Zeit fällt es mir schwer, zum *camino* und meinen drei peregrinas Adieu zu sagen. Wir Mädels, das ist tröstlich, werden uns bald wieder sehen, um dieses Buch zu schreiben! Und irgendwann, ganz bestimmt, gehe ich wieder den *camino*.

¡Hasta luego en el camino!

INFORMATIONEN

Grado - Cornellana - Godán / Salas
24 Km / 450 Hm

Schöner Rastplatz am Fluß Narcia
Einkehr, Einkauf, Übernachtung in Cornellana
(der Weg führt nicht durch den Ort)
In Godán nur Refugio (kein Hotel, kein Restaurant)

Sehenswertes:
Kloster Cornellana

Salas / Godán

Refugio Salas
6 Betten, 1 Du, 1 WC
Pinón de Freita, 6, 33860 Salas
Tel. Rathaus Tel.: 985 830 004
Tel. Kneipe über der Herberge, Tel.: 985 830 847

Refugio Godán
(neu) 16 Liegen, 4 Du, 4 WC nur kaltes Wasser
Godán 38, 33869 Salas
Tel. Verein "Salas en el Camino", Tel.: 600 829 892
Schlüssel in Salas f. Godán, Tel.: 985 830 115

Hotel Soto, Salas DZ 35,-
C/ Arzobispo Valdés 9 (am Marktplatz), Tel.: 985 830037

Hotel El Algaire, Salas
Lug Arquera N 23, Tel.: 985 835 959
www.elalgaire.com

Hotel Castillo de Valdes, Salas
Pl. Campa, Tel.: 985 - 83 22 22
www.castillovaldessalas.com

Godán / Salas - Tineo
21 Km / 475 Hm

Bar + Supermarkt in La Espina
Bar mit Einkaufsmöglichkeit in El Pedregal

Tineo

Refugio
24 Betten, 2 Du, 2 WC
Calle Marcos Rodriguez 5, Tel.: 985 801 067

Pension Tineo DZ incl. HP 55,-
C/ General Riego, 15 - 1°, Tel.: 985 800 710

Hotel Casa Lula
El Crucero 10, Tel.: 985 801 600
www.casalula.com

Hotel Rural La Casona de San Andrei
Monasterio
San Andrei s/n, Tel.: 985 80 40 71
www.casonasasturianas.com
www.sanandreshotel.com

Tineo - Borres
18,5 Km / 350 Hm

Taxi Tineo Tel.: 985 80 15 15
Stempel im Refugio

Borres

Refugio
einfach, 12 Betten, 2 Du, 2 WC
Carretera General, Tel.: 985 801 067

Borres - Peñaseita
15,5 Km / 300 Hm

Ab Borres einige Höhen (Alto de Porciles,
Alto de Labadoiro)
Bar in Porciles
Bar und Einkaufsmöglichkeiten in Pola de Allande
In Peñaseita Bar Las Viñas (nur kaltes Essen)

Peñaseita / Pola de Allande

Refugio
12 Betten, 2 Du, 2 WC
Peñaseita, Tel.: 985 807 004
Schlüssel in der Bar Las Viñas

Hostel La Nueva Allandes - Donata
Donato Fernandez 3, Tel.: 985 807 027
www.lanuevaallandesa.com

Hotel Lozano
Avda. Galicia 5, Tel.: 985 807102
www.hotel-lozano.com

Peñaseita - La Mesa
20,5 Km / 550 Hm

1 Pass
Bar in Lago
Bar und Laden in Berducedo
!! In La Mesa keine Einkaufsmöglichkeit, keine Bar, keine andere Übernachtungsmöglichkeit !!

Berducedo

Refugio
12 Betten (1 Raum)
Tel.: 985 807 004

La Mesa

Refugio
14 Betten (1 Raum), 2 Du, 2 WC
Tel.: 985 979064

La Mesa - (Grandas de Salime) - Castro
(14) 20 Km / 600 Hm

Frühstück evtl. im Gemeindehaus
Langer, gerölliger Abstieg (800 Hm) mit nachfolgendem Aufstieg auf Asphalt für 4 Kilometer
Supermarkt, Bar, Unterkünfte, Stempel in Grandas de Salime
!! In Castro keine Bar und kein Laden !!

Sehenswertes:
Ethnografisches Museum (Kunsthandwerk, Geräte für Landwirtschaft, Jagd, Haushalt usw. in Grandas de Salime
Öffnungszeiten: Juli + August Di bis So 11.30 -14.00 und 16 - 19.30 Uhr
Restliche Zeit: Di - Sa 11.30 - 14.00 und 16.00 - 18.30, So 11.30 - 14.30, Mo geschlossen

Grandas de Salime

Refugio
18 Betten (Etagenbetten 3-stöckig), 1 Du, 2 WC
Plaza de la Constitucion, Tel.: 985 627 023

Hostal Bar Occidente
C´ Antonio Machado, Tel.: 985 627 050

Hostal Bar La Barra
Hostal Bar La Parilla

Castro

Albergue Residencia Juvenil de Castro
16 Betten (4 x 4), 4 Du, 4 WC, 12,-
www.alberguecastro.com
Pilgermenue abends 8,- und Frühstück 3,-
private Herberge, sehr zu empfehlen

(Grandas de Salime) Castro - Fonsagrada
(30,5) 24,5 Km / 350 Hm

Rastplatz am Brunnen von Penafuente
Höhe von Acebo
Bar in O Acebo
Bar in Fontria
Schöner Rastplatz an kleiner Kapelle
Supermarkt, Bar, Unterkünfte in Fonsagrada

Fonsagrada - Padron

Refugio
26 Betten (6 x 4), 2 Du, 2 WC, Küche
An der Strasse nach Lugo, Tel.: 982 350 020

Pension Cantabrico DZ 35,-
Rua Ron 5, Tel.: 982 350 035
www.hospedaxecantabrico.com

Pension Casa Manolo
C/ Buron 35, Tel.: 982 340 408
www.pension-casamanolo.es

Hotel Spa Oca Fontesacra
www.ocahotels.com

Fonsagrada - Cadavo - Baleira
24,5 Km / 120 Hm

!! 3 Pässe !!
Schöner Rastplatz hinter Piedrafita
Bar in Paradavella
!! Schlimmste Steigung vor La Lastra !!
Bar in La Lastra
Bar in Fontaneira
Stempel in der Herberge
Bar, Restaurant, Supermarkt in der Haupteinkaufstraße

Cádavo-Baleira

Refugio
22 Betten (3 Räume), 5 Du, 4 WC, Küche
C/ Campo de la Freisa, Tel.: 636 020 292 / 982 354 057

Hotel Moneda DZ 33,-, Fr. 3,50 EUR
Avda. De Baralle 46, Tel.: 982 354 001
www.hotelmoneda.com

Cádavo-Baleira - Lugo
34,5 Km / 100 Hm

1 Höhe
Bar, Einkauf + schöner Rastplatz in Castroverde
!! Danach keine Bar o.ä. für 25 km !!

Sehenswertes in Lugo:
Stadtmauer
Altstadt mit Placa major
Kathedrale, Plaza Santa Maria, Mo-So 8.00 bis 20.30 Uhr

Lugo

Refugio
44 Betten , Du, 4 WC
Rua de Noreas 1, Tel.: 660 278 926

Hotel Brios
C/ Pintor Laxeiro 6, Tel.: 982 241 408
www.brioslugo.com

Husa Puerta de San Pedro
Rio Neira 29, Tel.: 982 222 381
www.husa.es

Hotel balnearo de Lugo
Barrio del Puente, Tel.: 982 221 228
www.balnearodelugo.com

Lugo - Friol
32 Km

Busverkehr !!, Haltestelle in Alta (nach 10 km)
Bar in Guimara
Supermarkt in Friol
Bar, Restaurant Parillada "A Ponte"
Stempel in der Casa Beningo

Friol

Pension Casa Benigno DZ 16 ,-
Calle Ramon y Cajal 15, Tel.: 982 375028

Pension Residencia Casa Laxeta
Avda. Santiago, Tel.: 982 375085

Friol - Sobrado dos Monxes
28 Km

Bar in Meson
Stempel im Kloster

Sehenswertes in Sobrado dos Monxes:
Zisterzienserkloster
Mo - Sa 10.00 bis 13.00 Uhr und 16.15 bis 18.15 Uhr,
So 12.15 bis 13.00 Uhr und 16.15 bis 18.15 Uhr

Sobrado dos Monxes

Refugio
44 Betten, 3 Du, 2 WC
Im Kloster, Tel.: 981 787 509

Hostal San Marcus DZ 55,-
Praza da Porta, Tel.: 981 787527

Sobrado dos Monxes - Arzúa
22 Km / 100 Hm

Bar in Corredoiras
Bar und Supermarkt in Vilanova
Stempel in der Herberge

Arzúa

Refugio
46 Betten, 4 Du, 6 WC, WM
Cima de Lugar 6, Tel.: 620 196 606, 981 787 509

Albergue privado La Fuente
ca. 20 Betten, 3 Du, 3 WC, WM, 10,-- EUR
Rua de Came, nahe dem Platz

Hostal Lar da Mota
Onteiro 3, San Esteban do Campo, Tel.: 981 191 340
www.lardamota.net

Pension Casa Teodora
Estrada de Lugo 130, Tel.: 981 500 139
www.casateodora.com

Hotel Suiza
Ctra. Santiago - Arzúa, Tel.: 981 500 862

Hostal Rua
Lugo, 130, Tel.: 981 500 139

Arzúa - Pedrouzo
22 Km / 50 Hm

Bar in Calle
Bar + Rest. Auf der Höhe von Empalmes
Privates Refugio in St. Irene
Supermarkt, Bar, Restaurant in Pedrouzo

Pedrouzo

Refugio
120 Betten , 18 Du, 20 WC
Am Ortseingang , Tel.: 660 396 826

Pension Codesal DZ 30,-
C/ Codesal 9, Tel.: 981 511061

Pension Arca
Lugar dos mollados - Arca No 9, Tel.: 981 511437

Hotel O Pino in Rua
Rua de Arca, 23, Tel.: 981 511 035
www.hotelopino.com

Hostal O Cruceiro
Rua de Marquino s/n, Tel.: 981 515 318

Pedrouzo - Santiago de Compostela
22 Km / 100 Hm

Bar in San Paio
Bar Labrador in Monte de Gozo

Monte de Gozo

Refugio
800 Betten
Rua do Gozo 18, Tel.: 660 396 827

Santiago de Compostela

Refugio San Lazaro
3 km außerhalb des Stadtzentrums, neu, sauber, Bettwäsche, Handtücher

Refugio,
Albergue del Seminario Menor
300 Betten, Seminario Menor en Santiago de Compostela, Tel.: 981 589 200

Anmerkung

Für alle spanischen Telefon-Nummern gilt von Deutschland aus die Vorwahl 0034.
Alle Übernachtungspreise in den Hotels sind pro Doppelzimmer und Nacht (Stand 2007) angegeben.

Anreise / Rückreise

Mit Air-Berlin über Palma de Mallorca nach Asturias/ Oviedo
Rückflug ab Santiago de Compostela

Sprache

Spanischkenntnisse sind von großem Vorteil, da in der Region weder deutsch noch englisch gesprochen wird. Alternativ unbedingt einen Sprachführer mitnehmen (z.B. Berlitz, Langenscheidt, Pons)

Internetadressen

Spanien	www.spain.info
Asturien	www.infoasturias.com
Galicien	www.turgalicia.es
Jakobsweg	www.jakobus-info.de
	www.mundicamino.com
	www.caminotineo.com

Jakobusgesellschaft
www.jakobus-gesellschaften.de
www.deutsche-jakobus-gesellschaft.de

PACKLISTE

Allgemeines

Rucksack	1.900 g
Trekking-Stöcke	500 g
Regencape	265 g
Schlafsack	740 g
Inlet (Seide)	110 g
Isomatte	130 g
1 Leinenbeutel (zum Einkaufen)	35 g

Kleidung

1 wind- und regendichte Jacke	515 g
1 Hut (mit breiter Rundumkrempe)	45 g
1 Halstuch	90 g
1 Fleece Pullover, 1 Baumwoll-Jacke	575 g
1 Hose lang, 1 Shorts	420 g
1 Shirt/hose (für nachts)	150 g
1 Bikini	105 g
1 großes Handtuch (Microfaser)	285 g
2 Slips, 1 BH	105 g
1 Funktions-T-shirt / 2 Blusen / 1 T-shirt	540 g
2 Paar Wandersocken	150 g
1 Paar Tevasandalen	560 g
1 Paar Flip-Flops (Dusche)	140 g

Waschzeug und Medikamente

Kulturtasche	180 g
Waschlotion, Zahnpasta, Zahnbürste , Creme	145 g
Duschgel, Deo, Lotion, Shampoo	250 g
Spülung, Gel, Spray	180 g
Nagelfeile, Bürste, Pinzette, Nähnadel, Zwirn	50 g
Heftpflaster, Blasenpflaster, 1 Rolle Elastoplast, Compeed Stift,1 elast. Binde, Kniebandage	140 g
Medikamente	175 g
Sonnenschutzmittel	125 g
1 Packung Mineralientabletten	30 g
Sonnenbrille (im Etui)	100 g
Rei in der Tube	75 g
Fußbalsam, Wundcreme, Hirschtalg	195 g
Ohrenstöpsel	20 g
Mückenstift	40 g
5m Schnur (Wäscheleine), 4 Sicherheitsnadeln	40 g
8 Plastikwäscheklammern	40 g

Essen und Trinken

Tasse (aus Chromstahl), 1 Teelöffel	140 g
Taschenmesser	200 g
Trinksystem	160 g
1 Rolle Toilettenpapier	50 g
2 Packungen Papiertaschentücher	50 g
1 Minitauchsieder	300 g
1 kleines Abtrockentuch	35 g

Papier, Ausweise, Geld

1 kleine Taschenlampe	100 g
Wanderführer (Kopien zum Wegwerfen)	150 g
Bleistift, Kugelschreiber	15 g
1 kleines Notizbuch (u.a. mit Adressen)	145 g
1 Wörterbuch, 1 Sprachführer	230 g
Ausweise, Pilgerpass	65 g
Flugscheine	30 g
Gürtelportemonnaie	50 g
Handy	100 g
Kamera	500 g
1 Pfefferspray zur Hundeabwehr	45 g

Gesamtsumme	11.510 g
Essens- und Trinkvorräte	2.500 g

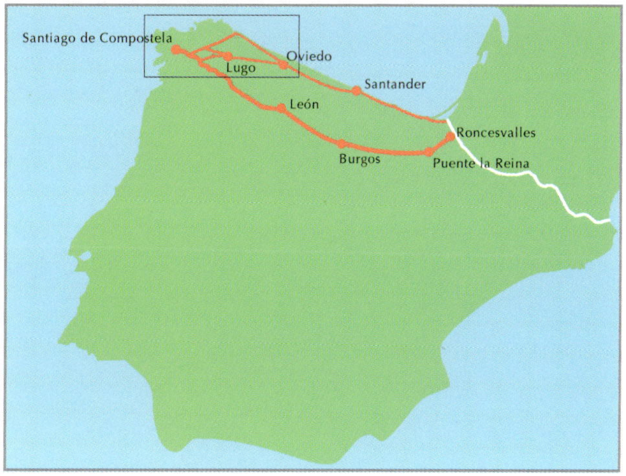
Santiago de Compostela
Oviedo
Lugo
Santander
León
Roncesvalles
Burgos
Puente la Reina

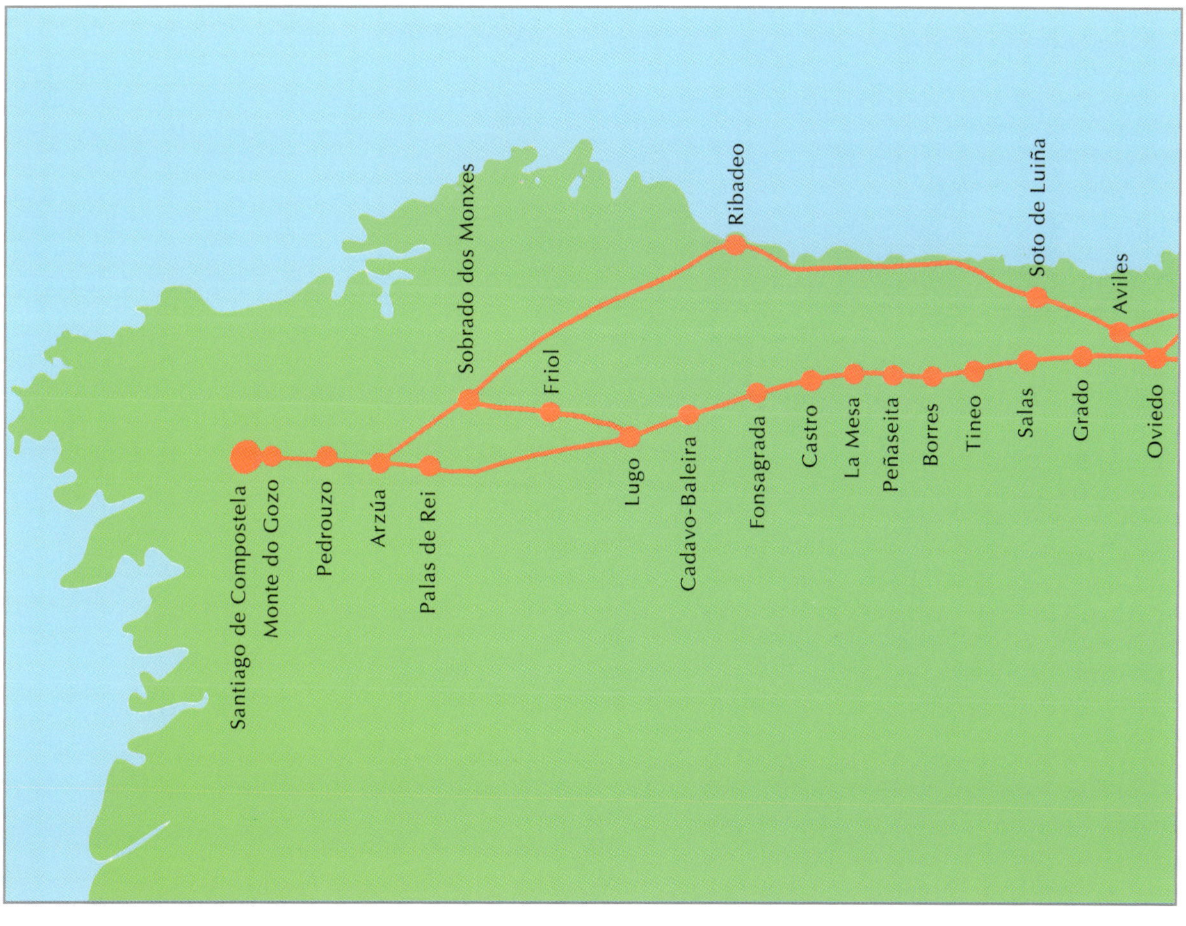
Santiago de Compostela
Monte do Gozo
Pedrouzo
Arzúa
Palas de Rei
Sobrado dos Monxes
Friol
Lugo
Cadavo-Baleira
Ribadeo
Fonsagrada
Castro
La Mesa
Peñaseita
Borres
Tineo
Salas
Grado
Soto de Luiña
Aviles
Oviedo